经济名家
课程思政七讲

中国人民大学应用经济学院党委　编
黄　隽　主编

人民出版社

前　言
课程思政筑牢应用经济学人才培养体系根基

2022 年 4 月 25 日，习近平总书记来到中国人民大学考察调研并发表重要讲话。习近平总书记强调，落实立德树人根本任务，传承红色基因，扎根中国大地办大学，走出一条建设中国特色、世界一流大学的新路。思政课的本质是讲道理，要注重方式方法，把道理讲深、讲透、讲活，老师要用心教，学生要用心悟，达到沟通心灵、启智润心、激扬斗志的目的。希望人民大学绵绵用力，久久为功，止于至善，为全国大、中、小学思政课教学提供更多“金课”。

2022 年 10 月召开的党的二十大报告明确指出，建设具有强大凝聚力和引领力的社会主义意识形态。深入实施马克思主义理论研究和建设工程，加快构建中国特色哲学社会科学学科体系、学术体系、话语体系，培育壮大哲学社会科学人才队伍。

课程思政是扎实推进习近平新时代中国特色社会主义思想“三进”工作的重要体现，也是落实立德树人根本任务的重要手段。课程思政通过系统专业的知识体系和实际技能的教育教学，坚持寓价值观引导于知识传授和能力培养之中，帮助学生塑造正确的世界观、人生观、价值观。基于上述要求，需要进一步发掘应用经济学各科课程的育人功能，促进课程思政建设，进而实现“课程思政”与“思政课程”的协同育人，筑牢应用经济学人才培养体系根基。

中国人民大学应用经济学院积极落实习近平总书记的要求，加快构建中国特色哲学社会科学，努力探索建构中国自主的知识体系，以高度的紧迫感、责任感和使命感，坚持立德树人，落实“三全育人”，在充分把握国内外新格局、新世情基础上，坚持问题导向，理论联系实际，结合院情，建立多学科协同、德育教育与专业教育并重、现代方法与重大问题融合、时代要求与学科体系呼应的综合学科发展模式。统筹思政课程与课程思政资源，“立德”与“立学”相互依托、相互促进。以课程思政为思政工作的重要手段，培养一批把握新形势、掌握新理论、具备新技能，有品格觉悟、有专业本领、有健康身心的“三有人才”。《经济名家课程思政七讲》《经济“青椒”课程思政十讲》两本教材即是应用经济学院课程思政建设的初步探索。

《经济名家课程思政七讲》由经济学知名专家和教授编写，主要从宏观角度研究阐释中国经济发展；《经济“青椒”课程思政十讲》则由青年教师，特别是“海归”教师编写，从年轻研究者的视角认识解读中国经济发展。两本教材各有侧重，又交相呼应、互为补充。总体来看，两本教材有如下特色：

（一）扎实推进习近平新时代中国特色社会主义思想“三进”，将思政教育与专业教育相结合

应用经济学院注重对习近平经济思想的理论研究，用理论的彻底性和科学性回应学生、引导学生。以“传统学科现代化，新兴知识学科化”为总体定位，打破思政教育“单打独斗”和“孤岛效应”的现象，将思政课程与具有应用经济学学科特点的课程思政有机结合。

坚持理论性、实践性、创新性和专题性相结合，整合教学资源，以更多丰富生动的实践案例完整地阐释习近平经济思想。用中国话语表达中国理

论，用中国理论阐释中国经验，用中国经验引导中国实践，用中国实践深化理论认同，形成协同发力、相互支撑、互为补充的体制机制，是促进思政育人最优化的必要选择和实现路径。在尊重教育教学规律和人才培养规律的基础上，坚持专业教育与思政教育紧密结合，形成协同效应，培养共和国的建设者。

（二）用生动的中国案例落实习近平新时代中国特色社会主义思想“三进”

应用经济学院就“如何利用生动的中国案例落实习近平新时代中国特色社会主义思想进教材、进课堂、进头脑”开展了从0到1的研究与实践，采取了一系列行之有效的做法。结合不同课程特点、思维方法和价值理念，深入挖掘“中国实践”宝贵经验、中国发展伟大历程中的思政元素，将思政教育内容落实到课程目标设计、教学大纲修订、教材编审选用各方面，深入梳理专业课教学内容，并及时提炼总结。真正实现思政课程和课程思政育人功能从应然到实然的转变，实现课程育人本质的回归，真正落实课程思政是隐性思想政治教育的有效形式、契合高校思想政治工作“三大规律”的育人方式。

（三）结合应用经济学院学科特点，以习近平新时代中国特色社会主义思想进教材的形式实现“三进”的体系化

应用经济学院坚持扎根中国大地，研究新时代“重大问题”。面对世界百年未有之大变局，着眼于新科技、新业态发展对经济学理论和应用的影响，顺应中国城市化、服务化、数字化、全球化的趋势，推进新兴知识体系学科化。通过构建“中国重大、现代方法、数据驱动”科研体系，聚焦中国重大问题，围绕国家重大战略，推动课堂教学与课外实践融合互促，充分提升课

程思政效力和学生国情认识水平。

在上述思想指导下，应用经济学名师大家和青年教师结合学科特点，充分汲取“中国实践”的有机养分，大量发掘思政育人的生动素材，编撰成册，以飨读者。

《经济名家课程思政七讲》抓住当前经济社会发展“不平衡、不充分”的主要矛盾，研究阐释新发展理念、区域协调发展、消费发展、国家发展计划/规划、文化经济发展、经济运行、开发区建设等新中国成立70多年来，特别是改革开放40多年来的伟大创举。《经济“青椒”课程思政十讲》亦着重提炼总结当代中国经济社会变革和探索实践的伟大成就。涵盖全球视角的中国经济发展、区域经济发展、城市发展、教育发展、医疗卫生资源发展、减贫实践、产业结构演变与发展、能源发展、跨境直接投资、对外贸易发展等重大现实问题。两本教材将中国经济的伟大实践融入课堂内外教学中，引导学生主动深入社会实践、关注现实问题、坚定理想信念，强化课程思政效果。实践表明，该做法为如何将中国特色社会主义的经济发展、制度实践、文化创造等融入课程思政和专业课程提供了良好借鉴。

目录

第一讲　以新发展理念推动中国特色社会主义事业航船劈波斩浪一往无前

郑新业

教授、博士生导师，中国人民大学应用经济学院院长、中国人民大学国家发展与战略研究院能源与资源战略研究中心主任

中国特色社会主义进入新时代，经济社会发展面临一系列不平衡、不充分的新挑战。习近平总书记强调："面对经济社会发展新趋势、新机遇和新矛盾、新挑战，必须确立新的发展理念，用新的发展理念引领发展行动。"① 用新的发展理念引领发展行动，是习近平总书记在中国特色社会主义新时代，统筹考虑国内外发展环境变化的基础上，为我国加快改革发展提出的一剂良方。2017 年 7 月 26 日，习近平总书记在省部级主要领导干部专题研讨班上进一步要求："我们坚定不移贯彻新发展理念，有力推动我国发展不

① 《十八大以来重要文献选编》(中)，中央文献出版社 2016 年版，第 774—775 页。

断朝着更高质量、更有效率、更加公平、更可持续的方向前进。”坚定不移贯彻新发展理念,用新发展理念应对新时代的新挑战和引领整个发展行动,是习近平经济思想的重要内容。

新发展理念提出前后,中国正步入新的重大历史关口,处于大国转型的关键时期。党的十八届五中全会提出的“创新、协调、绿色、开放、共享”新发展理念恰逢其时,集中体现了以习近平总书记为核心的党中央对经济社会发展规律的深刻把握,是从新的实际出发对马克思列宁主义、毛泽东思想、邓小平理论、“三个代表”重要思想、科学发展观的有力继承和突破创新。新发展理念与“五位一体”总体布局一脉相承,是对“四个全面”战略布局的具体细化,具有明确的指向性和丰富的包容性。从短期来看,新发展理念需要以牺牲一部分增长速度换取发展质量的提升。但从中长期来看,新发展理念将切实转换我国经济发展动力、转变经济发展方式,进而打破“增长、绿色和共享”之间的冲突,进入相互促进、协同叠加的良性循环。因此,坚定不移贯彻新发展理念,以建立现代化经济体系为主要任务和抓手,不断解放思想,明确增长与发展、国内与国际、总量与结构之间的关系;理顺市场和政府、中央与地方之间的关系;积极参与全球公共品提供和规则的制定,让新发展理念落地生根,变为普遍实践,引领中国发展行动。

一、新阶段中国步入重大历史关口

着眼于国内发展,改革开放以来,中国经济增长取得了举世瞩目的成绩。1978—2020 年,中国经济总量不断攀升,实际 GDP(2010 年不变价)

由 0. 29 万亿美元增加至 14. 63 万亿美元，世界排名从第 13 跃升至第 2，占世界经济总量的比重从 1. 12%提高到 17. 88%（见表 1-1）。但我国仍然处于社会主义初级阶段的基本国情没有变，仍然是世界上最大的发展中国家的定位没有变。与此同时，经济社会发展面临各种结构性问题，包括要素结构失衡、创新动力不足、产业结构较重、区域城乡差距大、收入分配恶化、环境污染加剧、开放结构不均衡、国际竞争关系日益激烈等，社会主要矛盾已经转化为人民日益增长的美好生活需要和不平衡不充分的发展之间的矛盾。这一系列新矛盾和新挑战亟须新的社会主义发展观来指导和解决。

表 1-1　中国主要经济变量在世界中的排名与占比

	1978 年	2001 年	2010 年	2013 年	2015 年	2019 年	2020 年
中国实际 GDP 世界排名	13	4	2	2	2	2	2
中国实际 GDP 份额（占比）	1. 12	4. 8	9. 2	10. 8	11. 8	13. 58	17. 88

数据来源：世界银行数据库。

（一）中国仍然是发展中国家

当前，我国仍然是标准的发展中国家。从人均发展水平来看，2020 年，我国的按购买力平价衡量的人均实际 GDP 在 183 个国家中排名第 76，既低于世界平均水平，也远远落后于美国，更低于很多我们意想不到的国家。例如希腊 2020 年的人均实际 GDP 世界排名第 51 位；再如“一带一路”沿线国家哈萨克斯坦，其人均实际 GDP 世界排名位次也在中国之上（见表 1-2）。

表 1-2　2020 年世界主要国家人均 GDP(购买力平价 2011 年不变价)及排序

（单位:美元）

排名	国家	2020 年	排名	国家	2020 年
1	卢森堡	112226. 9052	20	芬兰	47144. 40079
2	新加坡	93397. 0488	21	加拿大	46102. 99835
3	爱尔兰	90624. 71895	22	科威特	44847. 05398
4	卡塔尔	85290. 45044	23	沙特阿拉伯	44328. 18391
5	百慕大	76626. 52661	24	新西兰	42774. 69249
6	瑞士	68752. 77021	25	英国	42675. 78217
7	开曼群岛	67871. 1955	26	韩国	42381. 37302
8	挪威	63548. 00082	51	希腊	27034. 739
9	阿拉伯联合酋长国	63299. 42297	52	马来西亚	26471. 673
10	文莱达鲁萨兰国	62200. 88204	53	俄罗斯联邦	26456. 388
11	美国	60286. 6238	54	巴拿马	25389. 812
12	丹麦	55819. 90953	55	哈萨克斯坦	25363. 166
13	荷兰	54325. 50883	71	墨西哥	17852. 36
14	冰岛	52381. 11273	72	安提瓜和巴布达	17293. 302
15	奥地利	51855. 70925	73	泰国	17284. 701
16	德国	51374. 02744	74	赤道几内亚	17007. 625
17	瑞典	50923. 11043	75	多米尼加共和国	17003. 013
18	比利时	48720. 11189	76	中国	16315. 816
19	澳大利亚	48690. 48113			

数据来源:世界银行数据库,第 56—70 国家名省略。

（二）债务风险累积

1994 年以来,我国的债务规模迅速扩大。债务占 GDP 的比重由 1994 年的 6. 13%增加至 2021 年的 68. 9%,预计到 2026 年增加到 80. 1%(见图

1-1)。此外,政府债务的地区结构也引起了广泛关注。国家审计署于2013年对我国地方债务情况进行了全面审计调查,发现2013年6月底地方政府性债务规模占全国政府性债务规模的59.1%。可以预期,在经济增速放缓、经济全面转入新常态的情况下,地方债务规模还将不断扩大,并超越地方财政收入,为债务偿还带来巨大压力。按地区划分,2020年大部分省份的存量债券余额超过其财政收入,从占比来看,我国地方政府债务偿还压力非常大。研究显示政府债务率达到一定规模时,极易爆发债务风险,威胁宏观经济增长与稳定。

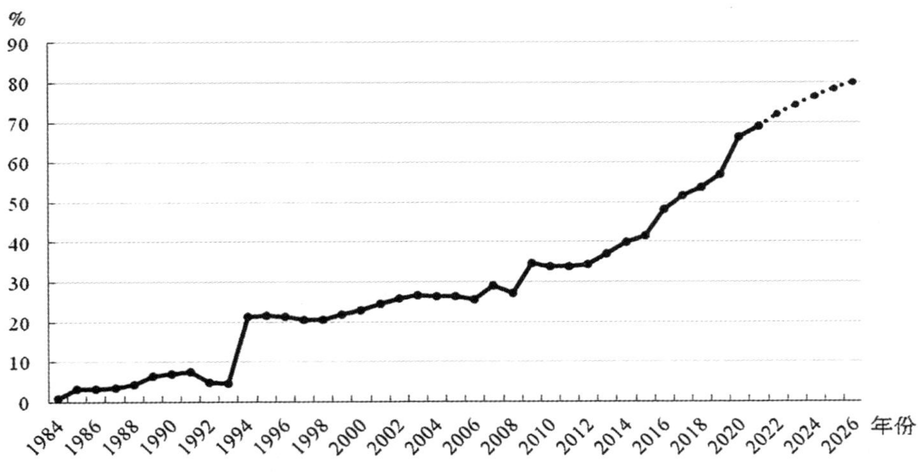

图1-1　中国政府债务占GDP比重

数据来源:IMF数据库。

(三)增长动力继续转换

过去40多年里,中国通过技术引进、模仿学习等途径快速融入全球产业分工链中,减少了技术进步所耗费的时间和成本,加速了国内的资本积累和劳动力流动,促进了经济的增长与赶超,形成"后发优势"。但与此同时,该模式在一定程度上限制了国内自主创新的发展并产生"后发劣势",体现在自主创新能力不足、关键核心技术受制于人、技术扩散与转化能力不强等方面。从创新能力来看，根据世界知识产权组织计算的创新指数①，2020 年全球创新排名前十的国家分别为瑞士、瑞典、美国、荷兰、丹麦、芬兰、新加坡、德国、韩国、法国；中国排名位居全球第 14，与瑞士、瑞典、美国等发达国家的差距仍然较大。更重要的是，中国目前在芯片、集成电路、基础软硬件、高端精密仪器、生物医药等方面的核心技术仍然受制于人，容易受到市场封锁和知识产权的威胁，在全球竞争与合作中陷入被动地位，这在当下的中美贸易战局中更显严峻。最后，技术扩散和转化能力不强是我国宏观创新能力不足的重要体现。研究发现我国在局部领域的技术创新已经达到国际领先水平，例如上海外高桥第三发电厂通过设备改进和优化创新，将机组煤耗降低到 276 克/千瓦时，已成为全球燃煤电厂的效率标杆；但该技术并未扩散至全国，整体发电行业的效率仍然较低。

与此同时，随着中国在全球分工中位置的上移，从风险低、收益低的“与发展中国家竞争、与发达国家合作”的模式转向风险高、收益高的“与发达国家竞争”的模式，中国将直接参与全球竞争。例如，中国高铁将直接与日本、德国和法国竞争，核电与法国竞争，航空航天与欧盟竞争，例如 C919 的直接竞争者是世界两大巨头，即波音和空客。这些“高、精、尖”产业具有技术密集的特征，对创新的依赖性较强，在全球竞争过程中，加强自主研发和创新投入有可能面临“创新性毁灭”的风险。

（四）产业结构调整步伐有待加快

近年来，我国经济结构调整取得积极进展，但与发达国家相比，中国仍

① 全球创新指数是以综合创新投入参数（机构、人力、常用与 ICT 基础架构、市场复杂度和业务复杂度）、创新产出参数（科学与创新成果、健康要素）多个维度来衡量一个经济体的经济创新能力。WIPO 发布《2020 年全球创新指数（GII）》中文版（samr.gov.cn）。

然呈现出能耗堆砌式发展的特征。从最新数据来看,20 世纪 70 年代以来中国的能源强度不断下降,但与美国和世界平均水平相比仍然较高(见图 1-2)。从产品生产角度来看,全球很多耗能的产品都是在中国生产的,其中电石、微型计算机和手机的比重占全球产量的 90%(见图 1-3)。如此“高”的耗能产品生产对能源供给和安全、能源价格的稳定都有着较高的要求,产业结构仍需要进一步调整和转型。

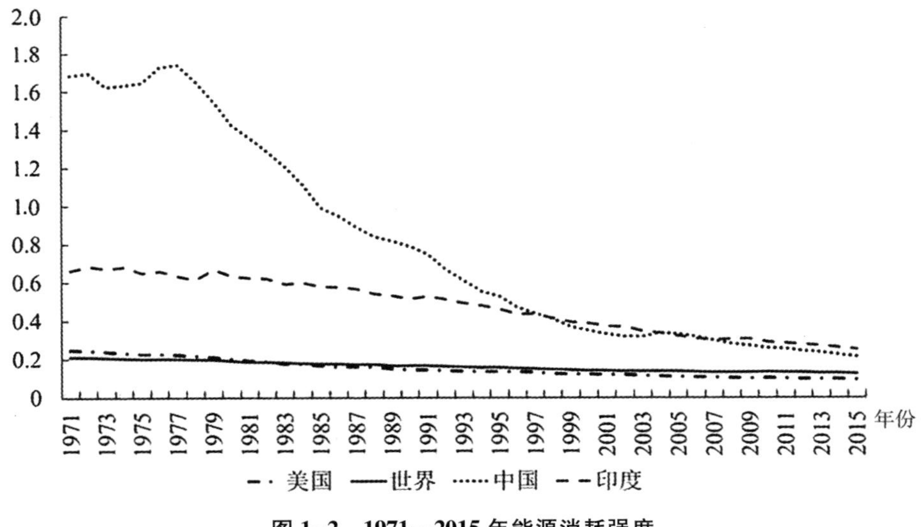

图 1-2　1971—2015 年能源消耗强度

(五)区域城乡发展不平衡

伴随着市场化、工业化、城镇化以及全球化进程的推进,区域和城乡发展的不协调日益明显。首先直接体现在地区经济发展差距上。从人均 GDP 水平来看,2020 年排名前三的省份为北京、上海和江苏,人均 GDP 依次为 16.5 万元、15.6 万元和 12.1 万元,同期甘肃、黑龙江和广西的人均 GDP 排在最后三位,分别为 3.6 万元、4.2 万元和 4.4 万元,地区之间的差

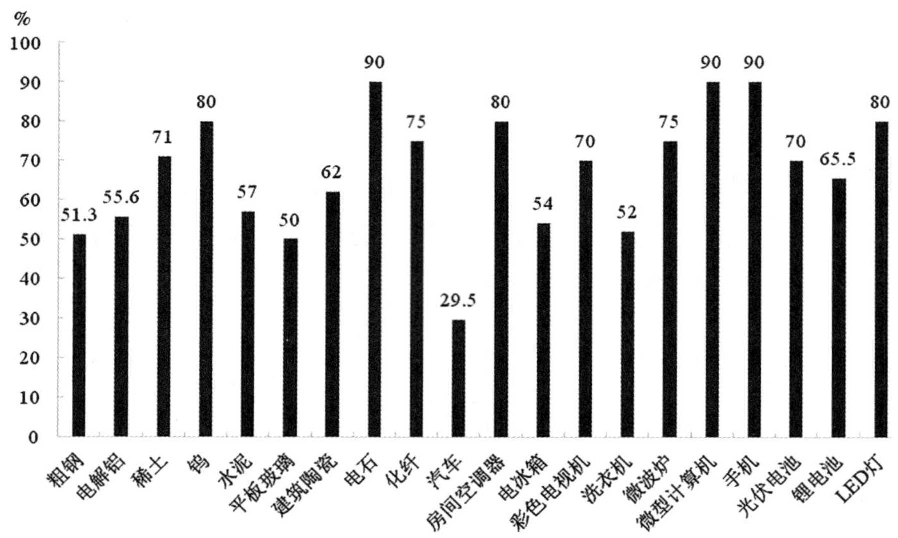

图 1-3　中国耗能产品和设备产量占全球比重(2018 年)

数据来源:王庆一的《2019 能源数据》。

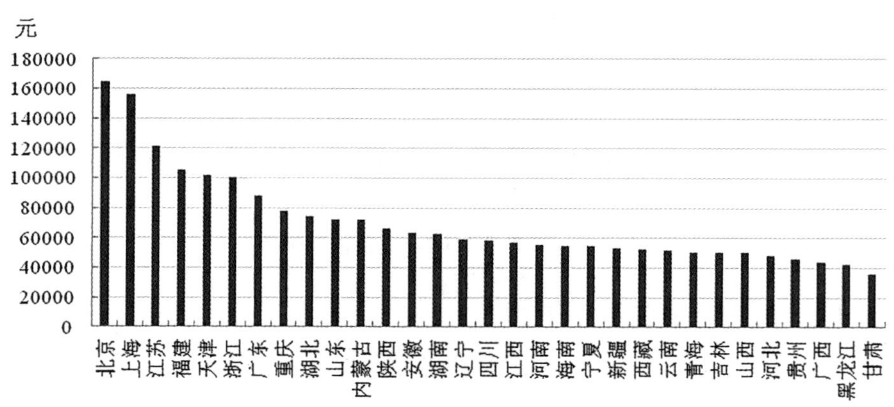

图 1-4　2020 年全国各省(直辖市、自治区)人均 GDP

数据来源:国家统计局。

距较为明显(见图 1-4)。其次体现在地区公共服务资源的非均等化上。在教育部门,从高考录取率来看,2020 年北京市高考一本录取率最高,达

45.87%，而山西省的一本录取率仅为11.9%，不同地区学生接受高等教育的机会差异较大。[①] 在医疗部门，医疗资源在地区之间的配置具有较大的差异。例如，2020年，北京市每万人拥有的卫生技术人员数为125.9人，而江西、安徽、西藏等地每万人仅拥有的卫生技术人员数不到70人。同时地区之间的医疗业务水平、医疗设施等方面也存在显著差异，根据被公认为权威独立的第三方评价机构艾力彼医院管理研究中心发布的《中国医院竞争力报告（2020—2021）》，全国前10强医院中，北京、上海各有3家医院；前100强医院中，北京、上海和广州的医院数量占到全国医院数量的40%，而西部地区顶级医院数量不到10家，且排名大多靠后，竞争力较弱。这使得"看病难、看病贵"的问题长期得不到解决。交通基础设施方面，目前全国高速公路线主要分布在东部沿海地区，西部地区较大一部分区域基本上没有公路线。铁路分布也呈现同样的特征，90%的铁路集中分布在东部沿海和东北地区，其他地区的铁路网络稀疏。

类似地，城乡之间在上述指标的比较上也存在明显的差异。在收入方面，1985—2019年，城乡之间居民人均可支配收入逐渐拉大（见图1-5）。公共服务方面，以教育为例，农村贫困地区教师资源，特别是优秀教师资源极度短缺，出现教师"下不去""留不住""教不好"等现实问题，部分由于家庭贫困、交通基础设施不足等各种复杂原因导致留在农村的儿童的受教育问题未能得到足够的重视。此外，农村教学基础设施较为薄弱，通过对中西部地区贫困县的调研发现，农村校舍建筑安全、厠所卫生状况、现代化教学设施配备等方面相对城市学校还有较大的差距。

---

① 数据来源：https://www.sohu.com/a/418432932_648647。

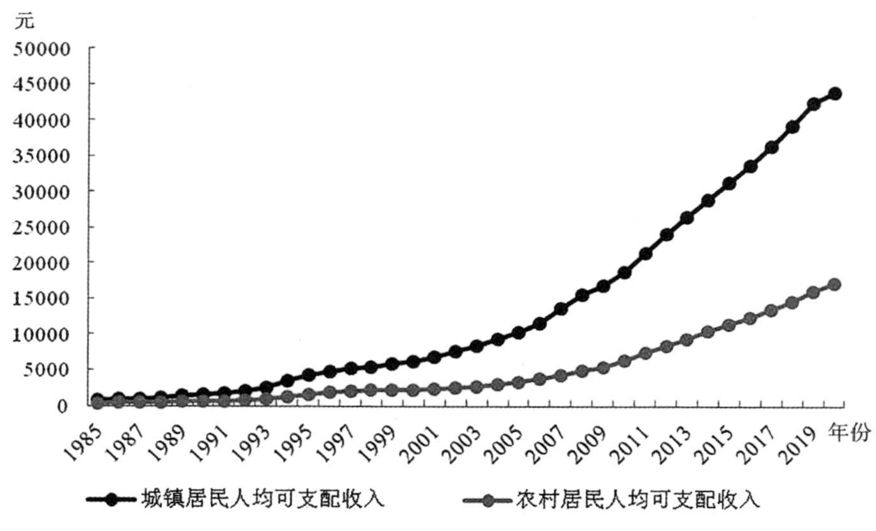

图 1-5　我国历年城乡人均可支配收入变化情况

数据来源:国家统计局。

(六)收入分配持续不平等

中国在经历了社会经济快速发展,人民整体生活水平大幅改善,幸福感和获得感普遍提升的同时,也从一个收入较为均等的社会演变为一个收入分配高度不均的经济体,人群之间的收入差距持续拉大。1981 年我国基尼系数仅为 0. 288,到 2008 年达到历史最高点(0. 491);随后一直在 0. 45 的水平徘徊,2020 年的基尼系数为 0. 468(见图 1-6)。从全球范围来看,中国的收入不平等处于较高国家或地区的行列。撒哈拉以南非洲是世界上收入不平等最严重的地区,其次是南美洲、中国以及非洲部分地区,而北美、欧洲和大洋洲则基尼系数较低。

在改善收入分配方面,从收入侧来看,中国的税收结构以增值税和营业税为主,所得税占比较低。根据国家统计局和 OECD 最新数据统计,2020 年我国的个人所得税占总税收的比重仅为 6. 5%,而同期美国、德国、法国的个人所得

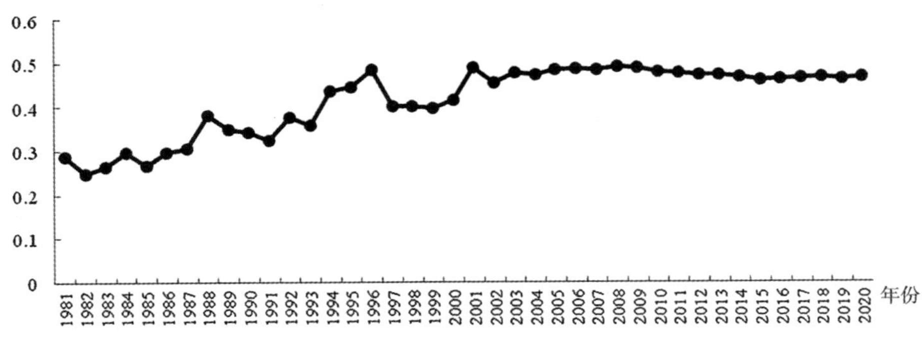

图 1-6　我国历年基尼系数

数据来源:CICE 数据库。

税占总税收比重依次为 41. 5%、27. 4%、21. 1%;OECD 的个人所得税平均占比为 24%。这在很大程度上限制了收入分配的调节作用。此外,我国缺失遗产与赠与税,而世界主要国家都有设立遗产与赠与税种。当前,日本的遗产税率最高,为 55%;韩国次之,为 50%;美国的遗产税率也有 40%。据北京大学中国社会科学调查中心数据显示,中国当前最富 1%的群体拥有全国三分之一的财产,在遗产税缺失的情况下,"富二代"继承大量的财产,不利于代际公平。所以,所得税比重过低和遗产与赠与税的缺失在很大程度上限制了税收对收入分配的调节作用。

从支出一侧来看,中国的社会保障支出比重较低,且承担社会救助职能的低保制度作用较弱。2020 年,中国社会保障支出占财政总支出比重为 13. 26%;而同期美国、英国、日本等国的社会保障支出占财政支出比重分别为 19. 93%、33. 05%和 41. 77%①,均高于中国。同时,我国的低保标准过低。从历史趋势来看,2020 年间,我国城镇低保家庭人均低保补助水平为 8131. 2 元每人每月,占城镇居民可支配收入的比重为 18. 5%,占城镇居民

① 《IMF 财政统计年鉴》,http://data.imf.org/regular.aspx? key=61037799。

消费水平的比重为30.1%。[①] 农村方面，低保家庭人均获得的低保补助为5962.3元每人每年，占农村居民收入的比重为34.8%，占农村居民消费的比重为43.5%。整体来看，低保支出人均补差仍然较低，这一标准还不能完全让低收入群体维持平均的生活水平，对收入分配的调节作用有限。

（七）环境与气候变化形势严峻

经济快速发展带来的一个负面后果就是严重的环境污染。在全球污染物方面，中国已经超过美国成为二氧化碳的最大排放国。1965年，中国排放二氧化碳3.88亿吨，仅占世界二氧化碳排放总量的4.3%；2019年，我国二氧化碳排放总量上升到98.25亿吨，占世界碳排放的比重达到28.76%。同期美国的二氧化碳排放量占世界比重一直处于下降趋势，从1965年的31%下降到14.5%。以目前碳排放的发展势头来看，中国对世界累积碳排放的贡献将会越来越大，需要采取措施减缓这种势头。在其他污染物排放方面，中国也处于高位水平。据世界银行统计，2017年，中国空气中的PM2.5浓度为52.66微克每立方米，全球排名第20，处于PM2.5浓度较高的国家行列，而英、美等发达国家的PM2.5浓度不到15微克每立方米。而日益严峻的环境问题也逐渐加重整个经济社会的负荷。中国每年因空气污染导致早死的人数至少在35万—50万人，由燃煤所致的空气污染导致北方人均寿命下降5.5年，由污染问题形成的健康损害带来的经济成本为1000亿美元至3000亿美元。加强环境污染治理已经到了刻不容缓的地步。

在环境问题日益严峻的情形下，中央政府制定了一系列战略和目标，但在实践过程中出现了地方政府降低执行力度或选择不执行的情况，削弱了

① 低保补助水平数据根据民政部官网整理而得。

政策实施效果。例如，自2004年起，国家发改委陆续出台了脱硫、脱硝环保电价政策，使得我国脱硫脱硝设施的安装取得了巨大进展；但对发电企业脱硫脱硝设施的实际运行以及减排结果的监管力度仍然较小，部分燃煤发电企业存在享受脱硫、脱硝电价补贴，但脱硫、脱硝设施不正常运行等现象，而环保部门的排放监督能力有限，更多以突击检查和重点抽查的方式进行，难以确保企业连续达标排放。一般而言，在污染治理职能被赋予地方政府的情形下，由于污染标准高低和治污强度直接影响企业的产量和利润，进而影响所在地政府分享的税收收入。企业利益受损，会有离开现所在地的动机。相应地，各个地方政府有减小环保标准和执法力度，扩大本地企业产量、吸引外地企业进入的动机。此外，在污染物具有跨界特征时，地区间环境监管相互“搭便车”的现象尤为突出。例如在一些上、下游地区，治理污染的成本由上游地区承担，益处由下游地区所享有，使得上游地区政府治理污染的动力不足。换言之，分权化的环境污染治理体制，难以克服地区之间环境标准“逐底竞争”和污染治理“搭便车”的问题。

（八）高度依赖世界的和平与稳定

近年来，国际格局发生较大变动，中国在国际合作和竞争中的位置发生重大变化，体现在中国融入世界的程度不断加深，对世界的依赖程度加大。数据显示，1978—2020年，中国货物和服务进出口总额占世界比重由1978年的0.47%上升为2020年的11.5%，贸易量排名从世界第37上升为世界第1。1990—2020年，吸引外商直接投资（FDI）年均增长18%，2020年FDI总量位居全球第1，占全球FDI总量比重为17.31%。对外直接投资（ODI）年均增长50%，2019年ODI总量位居世界第4，仅次于美国、日本与荷兰，ODI占全球总量的比重为7.6%。此外，中国已经从外汇短缺国向世界第一外汇储备大国转变，2006年中国的外汇储备量超过日本,并一直位居世界第1(见表1-3)。这一系列指标显示中国已经深度融入世界。

表1-3 中国主要经济变量在国际中的排名与占比

	1978年	1990年	2001年	2010年	2013年	2015年	2020年
货物与商品进出口份额(%世界)	0.47	1.01	3.36	7.99	9.68	10.37	11.5
货物与商品进出口总额排名	37	21	9	2	2	2	1
外商直接投资占比(%世界)	—	1.7	6.1	8.4	8.66	6.67	17.31
外商直接投资总额排名	—	9	4	2	2	5	1
对外直接投资占比(%世界)	—	0.34	1.01	5.01	7.83	8.66	7.6
对外直接投资总额排名	—	22	19	5	3	4	4
外汇储备(不包括黄金)排名	—	9	2	1	1	1	1

数据来源:世界银行数据库、UNCTAD数据库。除外汇储备外,贸易、外商直接投资和对外直接投资数据均使用流量指标,对外直接投资数据最新年份为2019年。

从货物进出口结构来看,2021年中国主要进口来源地是亚洲发展中国家,货物进口占总进口比重为58%;其次为欧洲,占比为18%。中国主要出口地是亚洲,货物出口占总出口的比重为48%;其次为欧洲国家,占比为21%。从2020年对外投资的分布来看,亚洲占比最大,为73%;其次为欧洲,占比约为12%。

从这个意义上说,全球的和平与稳定对中国经济的发展、企业的财产安全以及居民福利至关重要。然而,近年来世界面临的不稳定性日益突出,欧美逆全球化浪潮汹涌,贸易竞争、税收竞争及要素竞争硝烟四起、恐怖主义动荡不断、气候变化事业缺乏一致共识等。特别是,2017年以来,美国特朗普政府采取一系列措施对中国施压，例如先后对进口中国的钢铁、铝、航空航天、信息通信、机器人等行业征收额外关税；通过积极外交呼吁美国和欧盟停止采用中国技术（如华为5G技术）、阻止中国企业购买美国和欧洲的技术、阻止中国在美国的投资、在公共外交上诋毁中国（例如无事实证明地宣称中国窃取美国的技术）、要求加拿大逮捕和引渡华为的CEO孟晚舟等。这一系列新特征、新现象影响世界的和平与稳定，构成中国发展的威胁和阻碍。

总体来看，中国经济增长的背后呈现地区发展的不平衡、环境污染加剧、收入差距恶化等。这些问题的出现，使得我国当前面临的社会主要矛盾已转变为“人民日益增长的美好生活需要和不平衡不充分的发展之间的矛盾”。从这一角度来看，五大发展理念集中体现了党和国家对经济社会规律的深刻把握，是针对新时代面临的发展任务和问题矛盾提出来的。

二、全球治理思潮能否引领中国新时代？

针对上述中国当前面临的诸多矛盾和挑战，当今国际盛行的治理思潮，包括以新自由主义为核心的华盛顿共识、梵蒂冈新思潮均存在一定的不适用性，亟须一剂新的“药方”引领中国走出发展困境，实现新发展。接下来，本文将具体介绍上述两大思潮，并将其与新发展理念进行对比，以阐明新发展理念的科学性和前瞻性。

（一）新自由主义思潮

新自由主义思潮是一套涵盖经济和政治的理论体系，主张经济自由化、私有化和市场化，反对政府干预、公有制和社会主义。理论上，新自由主义涵盖了多个学派的研究思想：一是以哈耶克为代表的奥地利学派，主张经济自由化和私有化，反对政府干预；二是以弗里德曼为代表的货币学派，认为政府应保持稳定的货币增长率并让市场充分发挥调节经济的作用，以抑制通货膨胀；三是以卢卡斯为代表的理性预期学派，认为个人的理性预期会导致政府的宏观经济政策失效，所以反对政府干预，主张通过市场机制的自发调节以克服经济危机；四是以拉弗、费尔德斯坦为代表的供给学派，认为市场机制能够使生产要素供需达到均衡（见表1-4）。

表1-4　新自由主义的主要流派及观点

学派	代表人物	观点
奥地利学派	哈耶克	明确主张自由化，自由市场、自由经营；私有制是自由的根本前提
货币学派	弗里德曼	货币供应的增加是通货膨胀的根源，应保持货币稳定增长，减少政府干预
理性预期学派	卢卡斯	反对政府过多干预市场经济； 理性预期导致宏观经济政策无效
供给学派	拉弗、费尔德斯坦	供给创造需求；主张市场经济，反对政府干预；重视智力资本，反对过多社会福利；反对通货膨胀

新自由主义思潮兴盛于20世纪70年代，1973年和1978年爆发的两次石油危机，使得整个资本主义国家陷入“滞胀”（即高通胀、高失业和低经济增长）的困境。在这样的情况下，新自由主义开始生效并从理论向政策转化。具体地，以英、美为代表的西方国家采取了新自由主义改革。美国里根总统采取了减税、缩减财政以及减少政府对商业的管制等措施；英国撒切尔夫人推行货币政策，采取私有化、放松监管以及缩减财政等举措；法国总统密特朗的改革举措包括废除价格管控制度、去除限制劳动力和资本自由流动的因素、通过与欧洲进一步的融合来消除贸易壁垒、国有企业私有化、奉行“强势法郎”政策等。与此同时，拉丁美洲国家也采取了一系列的市场化

改革，以智利为例，智利是第一个实施自由市场改革的国家。1973 年，智利推行了“皮诺切特”革命，实施“一揽子”自由市场经济政策，包括减少关税、公共行业私有化、征收的土地返还给原先的所有者、修正劳工立法、社会保障转化为私人养老金、货币政策按照芝加哥模型设计（智利比索盯住美元）等措施。再以墨西哥为例，为应对债务危机，墨西哥总统乌尔塔多于 1982 年实施新自由主义改革。改革措施分两步走：第一步（1982—1985 年），进行结构改革，实施财政紧缩和货币紧缩并逐步有选择地放开自由贸易和其他市场机制；第二步（1985 年至今），深化结构改革，促使贸易更加开放、金融市场更加自由、降低关税壁垒等。在拉丁美洲国家改革经验的基础上，1990 年美国组织召开拉美经济调整和改革研讨会，并达成了“华盛顿共识”（见表 1-5）。

表 1-5　新自由主义思潮的政策转化

国家	代表人物	政策主张
美国	罗纳德·威尔逊·里根	减税、缩小政府规模、减少对商业的管制
英国	玛格丽特·希尔达·撒切尔	货币主义政策，采取降低通货膨胀、私有化、放松监管和缩减政府部门等措施
法国	弗朗索瓦·密特朗	废除价格管控制度、去除限制劳动力和资本自由流动的因素、通过与欧洲进一步的融合来消除贸易壁垒、国有企业私有化、奉行“强势法郎”政策
智利	何塞·拉蒙·皮诺切特	实施自由市场经济政策：减少关税、公共行业私有化、征收的土地返还给原先的所有者、修正劳工立法、社会保障转化为私人养老金、货币政策按照芝加哥模型设计，即智利比索盯住美元
墨西哥	米格尔·德拉马德里·乌尔塔多	实施结构改革，财政紧缩和货币紧缩，逐步有选择地放开自由贸易和其他市场机制的措施。

简而言之，从里根、撒切尔夫人奉行的新自由主义政策到基于拉美国家改革经验形成的“华盛顿共识”，即加强财政纪律；财政支出向基础医疗、教

育和基础设施重点倾斜、降低边际税率和扩大税基、利率自由化和采用有竞争性的汇率制度、贸易和资金政策，主张贸易自由化和资本自由流动、宏观产业政策，主张私有化、放松管制、保护产权等新自由主义逐渐成为指导世界经济治理的主流思潮并延续至今。

（二）梵蒂冈新思潮

梵蒂冈新思潮是以教皇方济各为代表的治理理念，对全球近10亿名的罗马天主教徒具有较高的影响力和号召力。政策主张突出经济、社会和生态三个方面。一是反对新自由主义，首先认为自由市场经济和全球化会导致深度贫困和不平等问题；同时不断累积的债务使得政府难以应对经济运行中出现的风险和问题，并且削弱了居民的购买力，社会福利下降；其次，自由市场经济体系将权力和财富联系起来，从而引发广泛的腐败；最后，在利润最大化动机的驱使下，逃税和金融投机现象盛行。这一系列乱象导致了经济的不平衡。二是主张财富共享，帮助低收入群体摆托贫困和饥饿。教皇认为新自由主义经济学中“涓滴理论”根本不能救助穷人，在优胜劣汰的市场经济中，大量的群体被排斥和边缘化，陷入失业甚至永久贫困的境地，进而酝酿乃至引爆社会矛盾和冲突，不利于社会经济的稳定。三是强调环境保护。历届教皇都致力于提高和塑造公众的环保意识，积极组织气候变化会议和公开演讲，呼吁建立新的全球治理体系来共同应对气候变化问题，通过合理安排各国的减排空间以实现二氧化碳和其他高污染气体排放的减少。教皇认为可行的全球气候协议必须保证公平性，由于发达国家的历史碳排放较多，对环境和贫困国家或地区产生了严重的影响，应当承担一部分“生态债务”，即发达国家应当限制不可再生能源的消费以及帮助和支持较贫困国家可持续发展。

（三）新发展理念优胜在哪里？

相较而言，我们发现华盛顿共识、梵蒂冈新思潮等当代主流思潮提供的政策工具，难以解决中国当前面临的发展新矛盾。华盛顿共识的政策目标主要是增长和波动，未关注到“绿色”、“共享”和“协调”发展等问题。梵蒂冈新思潮主要体现在“协调”、“共享”和“绿色”三个方面，但对“开放”持反对态度。不难理解，作为世界上最小的国家，无论在要素禀赋还是价格谈判力上，都不具有国际竞争优势。若实行开放政策，国内的经济结构、阶层结构等方面势必会遭到严重的冲击。而作为一个小国，很难通过自身来消化掉这一冲击。换句话说，梵蒂冈开放是弊大于利。但从治理理念的普适性角度来看，这一思潮很难推广至其他国家。

在过去 40 多年的改革进程中，中国在治理上对国际上现有方案采取的是“扬弃”态度，从中国实践和时代特征出发，在吸收学习精华的基础上坚持和发展马克思主义并指导中国实践。在经济发展上，中国认同市场是促进经济发展的重要方法；认同人力资本提升、私人资本和基础设施等社会资本积累特别是技术进步是经济增长的主要动力；认同全球化、国际贸易和 FDI 是促进经济社会繁荣的重要途径。在改革方式上，中国采取的是一个从关注总量到兼顾结构、由低起点迈向高层次、从快速增长转向稳中有进、从开放到注重协调与共享的渐进主义方案。综合来看，中国当下提出的新发展理念综合了华盛顿共识和梵蒂冈新思潮的治理经验，治理工具能够覆盖当前中国面临的发展难题，实现了理论和实践的双重突破。与华盛顿共识不全面的政策“药方”对比，新发展理念不仅注重增长，更关注发展和治理，有助于实现持续性和包容性增长。与梵蒂冈新思潮相比，新发展理念的政策强调开放和可持续发展兼顾，克服了梵蒂冈新思潮二者不可兼得的缺陷，更适用于解决全球其他国家面临的问题和挑战。（见表 1–6）

表 1-6　全球三大改革思潮的比较分析

	创新	协调	绿色	开放	共享
华盛顿共识	√	×	×	√	×
梵蒂冈新思潮	×	√	√	×	√
新发展理念	√	√	√	√	√

综上所述，新发展理念的提出为解决当前发展问题提供一剂“新药方”，深刻体现了马克思主义中国化新的飞跃。用马克思主义的立场、观点和方法观察时代、把握时代和引领时代，全面贯彻新发展理念，将有助于引领中国走上更加包容、平衡、可持续增长之路。

三、中国共产党百年奋斗的伟大经验

理论来源于实践，是随着实践的发展而发展的。马克思主义从来重视理论创新，其发展观是一个不断创新的过程。自中国共产党 1921 年成立以来，党的创新理论都聚焦于回答当时提出的时代课题，从“什么是社会主义、怎样建设社会主义”，到“建设什么样的党、怎样建设党”，再到“实现什么样的发展、怎样发展”，这些时代课题，无不关乎中国的前途命运，关乎中国去往哪里、走向何方。

新发展理念不仅是对当代主流思潮的继承和发扬，更是对中国社会主义发展观的传承和突破。梳理社会主义发展的理论脉络，新发展理念集中体现了党和政府对经济社会规律的深刻把握，是针对新时代面临的发展动力不足、结构性难题、国际竞争关系激烈等新挑战提出来的，是党理论创新的最新成果,为党实现“两个一百年”奋斗目标提供了新的发展思路和发展方向。

可以说,新发展理念的提出既不是一时兴起也不是一蹴而就,是从新的实际出发,对马克思主义、毛泽东思想、邓小平理论、“三个代表”重要思想、科学发展观的有力继承和突破创新。具体体现在:一是发展目标转变,经济建设开始由增长到发展转变,即在保证合理的经济增速的基础上,还要注重收入公平和绿色发展,确保经济高质量增长和增长成果由人民共享;二是总体布局由“三位一体”到“四位一体”再到“五位一体”转变,扩展到经济建设、政治建设、文化建设、社会建设、生态文明建设。在发展目标和总体布局的引导下,创新、协调、绿色、开放和共享发展理念逐渐强化,并成为新时代引领中国发展的指南针和方向盘。

(一)发展目标的演进

新民主主义革命时期,帝国主义、封建主义和官僚资主义俱存,国内处于一盘散沙的局面。以毛泽东为代表的中国共产党人为争取民族独立和人民解放,带领人民浴血奋战,开辟农村包围城市、武装夺取政权的正确革命道路,夺取了新民主主义革命的胜利,为中国接下来的发展创造了根本社会条件。

社会主义革命和建设时期,整个国家百废待兴,当时的工业水平相当落后,人民生活贫困。在这样的情况下,以毛泽东为核心的党中央领导集体确立了“四个现代化”发展目标,就是力争把我国建设成为一个农业现代化、工业现代化、国防现代化和科学技术现代化的伟大社会主义国家;并绘制了“两步走”发展战略,第一步是建立一个独立完整的工业体系,第二步使我国的工业水平接近世界的工业水平。

改革开放和社会主义现代化建设时期,以邓小平为核心的党中央领导集体提出要坚持以经济建设为中心，力争在21世纪内把我国建设成为伟大的社会主义的现代化强国；并制定了“三步走”的发展战略，第一步，从1981年到1990年，国民生产总值翻一番，解决人民温饱问题；第二步，从1991年到20世纪末，国民生产总值再翻一番，人民生活水平达到小康水平；第三步，到21世纪中叶，人均国民生产总值达到中等发达国家水平，人民生活比较富裕，基本实现现代化，然后，在这个基础上继续前进。

21世纪以来，中国经济发展水平显著提升。以江泽民同志为代表的党中央领导集体，确立了社会主义市场经济体制改革的目标和基本框架，提出“全面建设小康社会”的奋斗目标，江泽民同志在党的十六大报告中指出：“在本世纪头20年，集中力量，全面建设惠及十几亿人口的更高水平的小康社会，使经济更加发展、民主更加健全、科教更加进步、文化更加繁荣、社会更加和谐、人民生活更加殷实。”

党的十六大以后，以胡锦涛同志为代表的党中央领导集体提出了“全面建设小康社会”“全面建成小康社会”的奋斗目标。胡锦涛同志在党的十八大报告中提出“全面建成小康社会，必须以更大的政治勇气和智慧，不失时机深化重要领域改革，坚决破除一切妨碍科学发展的思想观念和体制机制弊端，构建系统完备、科学规范、运行有效的制度体系，使各方面制度更加成熟更加定型”。

党的十八大以来，中国特色社会主义进入新时代，经济总量和人均GDP水平达到了新规模。以习近平同志为核心的党中央领导集体在党的十九大报告中提出“两个一百年”奋斗目标，即在2020年全面建成小康社会、实现第一个百年奋斗目标的基础上，再奋斗15年，在2035年基本实现社会主义现代化。从2035年到21世纪中叶，在基本实现现代化的基础上，再奋斗15年，把我国建成富强、民主、文明、和谐、美丽的社会主义现代化强国。

（二）总体布局的演进

中国特色社会主义总体布局是党和国家，人民群众在不断历史实践探索和反思创新的基础上不断演化形成的。社会主义革命和建设时期，我国面临着如何建设和发展社会主义的问题，以毛泽东同志为代表的党中央领导集体提出关于社会主义建设的一系列主要思想，涉及经济社会发展的方方面面，使得我国建立起比较完整的工业体系和国民经济体系，农业生产条件显著改变，教育、医疗、文化、卫生、体育事业均取得较大发展。

改革开放初期，中国处于社会主义初级阶段，劳动力、资本等促进经济增长的要素尚未完全激活，经济基础难以进一步夯实。党中央认识到我国处于并将长期处于社会主义初级阶段，1987 年党的十三大对社会主义初级阶段做了系统阐述，社会的主要矛盾是人民日益增长的物质文化需要同落后的社会生产力之间的矛盾。对此，邓小平同志要求坚持以经济建设为中心，启动社会主义市场经济体制建设的探索和对外开放战略，内外联动以期谋取经济的更大发展。收入分配方面，1992 年邓小平南方谈话深度剖析了“社会主义的本质是解放和发展生产力，消除贫富差距，消除两极分化，最终达到共同富裕”。党中央采取了“先富带后富”的策略，第一步是让沿海地区先发展；第二步是沿海地区帮助内地发展，达到共同富裕。

21 世纪以来，社会主义市场经济体制初步建立，对外开放的工作进一步加大。但逐渐地，我国收入分配开始恶化，地区差距也开始明显扩大。针对这一变化，江泽民同志在党的十五大报告中，第一次明确阐释了社会主义初级阶段的基本纲领，即建设有中国特色社会主义的经济、政治、文化的基本目标和基本政策；在党的十六大报告中，进一步确立“全面建设小康社会的目标，是中国特色社会主义经济、政治、文化全面发展的目标，是与加快推进现代化相统一的目标，符合我国国情和现代化建设的实际，符合人民的愿望，意义十分重大”。这标志着“三位一体”总体布局的成熟与完善。

随着改革开放和社会主义建设不断推进,经济社会中的矛盾日益凸显:城乡、区域、经济社会发展很不平衡,人口资源环境压力加大;就业、社会保障、收入分配、教育、医疗、住房等方面关系群众切身利益的问题比较突出。根据社会发展的新要求、新特点、新趋势,胡锦涛同志在党的十六届六中全会通过了《中共中央关于构建社会主义和谐社会若干重大问题的决定》,强调坚持社会主义市场经济的改革方向,适应社会发展要求,同步推进经济体制、政治体制、文化体制、社会体制的改革创新,鲜明体现了总体布局已经发展为经济建设、政治建设、文化建设、社会建设的“四位一体”。在党的十八大报告中提出“必须树立尊重自然、顺应自然、保护自然的生态文明理念,把生态文明建设放在突出地位,融入经济建设、政治建设、文化建设、社会建设的各方面和全过程”。“五位一体”的布局理念正式提出。

进入新时代,经济总量和人均 GDP 水平达到了新的规模,经济增速由高速转向中高速,经济结构发生了深刻的变化,面临着发展动力不足、收入分配恶化、环境污染等难题,社会主要矛盾已经转变为“人民日益增长的美好生活需要和不平衡不充分的发展之间的矛盾”。以习近平同志为核心的党和国家第五代领导集体在深刻总结国内外发展经验教训与深刻分析国内外发展大势的基础上,在党的十八届五中全会上提出了创新、协调、绿色、开放、共享的发展理念。创新发展注重的是解决发展动力问题,协调发展注重的是解决发展不平衡问题,绿色发展注重的是解决人与自然和谐问题,开放发展注重的是解决发展内外联动问题,共享发展注重的是解决社会公平正义的问题。

可以发现,基于马克思主义发展观,中国社会主义发展思想坚持了马克思主义“无论是自然界、人类社会还是人的思维都是在不断地运动、变化和发展的”基本原理。发展观作为发展的总体观点,马克思主义从来重视社会发展问题,形成了一系列重要的发展理念。习近平总书记新发展理念是对马克思主义发展观的有力继承，是永葆马克思主义发展观生机与活力的重要保障。

（三）社会主义发展观的突破

从毛泽东思想到邓小平理论，到“三个代表”重要思想，到科学发展观，到新发展理念的提出，体现出了五大转变：一是经济建设开始由增长到发展转变，即在保证合理的经济增速的基础上，还要注重收入公平和绿色发展，确保经济高质量增长和增长成果由人民共享；二是总体布局由“三位一体”到“四位一体”再到“五位一体”转变，继承凝练出五大新发展理念；三是经济体制经历了“计划经济”“计划经济为主，市场调节为辅”“有计划的商品经济”“建立社会主义市场经济”“市场在社会主义国家宏观调控下对资源配置起基础性作用”“市场对资源配置起基础性作用”“市场对资源配置起决定性作用”七个发展阶段，市场经济体制不断完善；四是收入分配由开始的“均富”到“先富带后富”到“效率为主，兼顾公平”到“兼顾效率和公平”转变，公平问题变得越来越重要的背后其实是我国收入分配的不断恶化；五是我国的主要矛盾变了，目前我们的主要矛盾已经转变成“人民日益增长的美好生活需要和不平衡不充分的发展之间的矛盾”。总而言之，从毛泽东思想到邓小平理论到“三个代表”重要思想到科学发展观到社会主义发展观的重大突破，是整个社会进步的表现。社会进步的初期重点解决温饱问题，随后重点处理环境、不平等问题，等等。

这表明我国社会主义发展观是一脉相承的。在不同的历史阶段和发展时期，中国共产党坚持马克思主义基本原理同中国具体实际相结合，从新的发展实际出发，形成了一系列丰富的发展思想和理论成果，对指引中国社会主义发展实践发挥了巨大作用。社会主义发展观在不同时期的发展突破本身就彰显了马克思主义运动发展的哲学观。2015 年 1 月 24 日，习近平总书记在中央政治局第二十次集体学习时的讲话中强调:“问题是事物矛盾的表现形式,我们强调增强问题意识、坚持问题导向,就是承认矛盾的普遍性、客观性,就是要善于把认识和化解矛盾作为打开工作局面的突破口。”中国特色社会主义新时代社会主要矛盾的变化召唤新的理论,习近平总书记的新发展理念正是在这一新的矛盾问题下,对中国社会主义事业发展思想的系统总结,新发展理念回应了一系列重大问题,体现了目标导向和问题导向,是从新时代发展实践出发的重大理论创新。

四、新发展理念开启第二个百年目标新征程

新发展理念根植于中国特色社会主义新时代发展实践,围绕社会主要矛盾变化,具有很强的实践指向性。新发展理念的提出表明我国的发展目标正面临从以促进经济增长为中心,向平衡经济增长、区域协调、社会公平和环境友好的多重目标转变。从短期来看,这些目标之间存在权衡取舍,当前经济发展新常态是新发展理念逻辑的具体体现,是党和政府自主选择的结果。从中长期来看,新发展理念将切实转换我国经济发展动力、转变经济发展方式,进而打破“增长、绿色和共享”之间的冲突,进入相互促进、协同叠加的良性循环,新发展理念的实践指向性集中体现在以下几个方面。

(一)创新发展提供动力

创新发展为协调发展、绿色发展、开放发展和共享发展提供动力。首先,任何发展都需要新理念新思路的指导,都需要新方法新路径的具体实施

方案的保障，都需要新资源新技术的支撑。新时代，以习近平同志为核心的党中央提出了五大发展理念，这样的理论创新就为后续一系列的发展指明了方向，任何坚持协调发展、绿色发展、开放发展和共享发展的政策设计和落地实践都将从中汲取灵感和力量。其次，实现新发展需要具体的落地方案和实施路径，只有通过创新的发展方式，不断结合具体发展的实际敢于创新、善于创新，才能够找到一条符合中国国情，最终让中国人民都过上富强幸福生活的发展道路，真正实现人民向往的协调发展、绿色发展、开放发展和共享发展的美好中国梦。最后，发展需要新资源和新技术的支撑。区域之间发展不协调，被迫选择以污染环境为代价换取经济增长，无法充分实现所有要素的自由流动和所有成果的普惠性共享，底部根源是因为技术生产力水平不够高，积累的资源不够充分，供给侧方面仍然存在着较大的数量和结构性的稀缺，亟待科学技术创新的突破和新资源的挖掘和积累，为协调发展、绿色发展、开放发展和共享发展提供坚实的基础支撑。

（二）协调发展提供保障

协调发展为创新发展、绿色发展、开放发展和共享发展提供保障。发展都是关乎全局的，不论是发展本身，还是发展的解决方案，都需要通盘思考、全面统筹。首先，创新发展和绿色发展都需要区域协调合作。区域间协调合作，一是有助于技术、人才等要素的自由流动，促进创新资源的集聚和创新成果的转化，强化创新的“溢出效应”，提升整体创新能力。二是区域间合理分配责任和资金，在更大的空间里内部化环境污染的外部性，避免地方之间在环境标准上“逐底竞争”和环境治理上“搭便车”问题，提高环境污染治理的效率。其次，开放发展和共享发展本身就意味着要让发展成果惠及全区域、全体人民。一方面，通过劳动力市场的流动，内陆地区的人口可以向东部沿海地区迁移，在为东部地区带来大量劳动力的同时，也通过拿到高工资等途径享受全球化带来的贸易红利和改革开放的成果;另一方面,面对全球化可能带来的地区利益分化,中国政府通过税收制度对全球化红利进行再分配,有效避免了“赢家通吃,输家活该”的全球化弊端。此外,以人民为中心实施区域协同发展战略,例如加大人力、物力、财力支持,帮扶革命老区、边疆地区、贫困地区的发展,有助于提高这些地区人民的收入水平,特别是城乡差距的缩小有助于收入分配的改善。

(三)绿色发展是内在要求

绿色发展是创新发展、协调发展、开放发展和共享发展的内在要求。新时代条件下,创新发展的根本体现就是在能够减少资源消耗,能够减少对环境破坏的情况下实现行业生产效率的提升和生产力的进步,不能符合这一标准的创新是伪创新。协调发展就是要协调人与自然、区域与城乡间的统筹全面发展,人与自然的协调发展的体现就是环境生态友好和资源节约。区域与城乡不平衡,很大一部分表现在相当一部分贫困地区被迫采用以资源和环境为代价换取经济增长的发展模式,陷入了环境恶化、资源浪费、与发达地区差距进一步拉大的恶性循环。没有统一的绿色发展,就不能称之为实现了协调发展。开放发展就是让高质量的发展模式为所有的开放共同体所享有,资源节约型、环境友好型的绿色发展模式正是高质量发展模式在新时代条件下的集中体现。共享发展要求改革开放和经济建设的成果为所有人民享有,为所有区域享有。绿色发展是对人民美好生活需要的回应,也是保护人民特别是低收入群体资产产出能力、劳动收入能力的有效抓手,例如减少环境污染排放对耕地以及其他能生产农林产品的水、山资源的负面影响,而耕地、水、山等资产是低收入者最重要的收入来源,保护这些资产的产出能力,有助于保障低收入群体的收入。此外,减少环境污染有助于保护居民的健康,减少预防污染或污染引发的疾病支出,保障居民的实际收入。

所以,共享发展本身就蕴含着绿色发展的要求。

(四)开放发展提供契机

开放发展为创新发展、协调发展、绿色发展和共享发展提供新的契机。“一带一路”为开放发展描绘了新的宏伟蓝图,新的交易空间和发展机会大量涌现,新的问题也会接踵而来,机遇和挑战并存,这就必然要求更多的创新,拓展新空间,抓住新机会,找到新方法,解决新问题。“一带一路”倡议的实施,覆盖了更多内陆地区,将会为过去这些不曾享受到开放收益的地区提供更多的发展和创业就业机会,促进内陆地区经济的发展和人民收入水平的提高,从而缩小区域间的发展差距,让发展的成果惠及更多的人民,实现共享发展。“一带一路”沿线国家具有丰富的能源资源。2019 年,全球石油、天然气和煤炭已探明储量排名前 15 的国家中有一半为“一带一路”沿线国家,分别有 8 个、8 个和 6 个;大量的清洁能源可以为节能减排提供足够的资源支撑,有效促进绿色发展。

(五)共享发展是根本目标

共享发展是所有发展的根本目标。我国是中国共产党领导下的社会主义国家。国家性质决定了我们的奋斗方向和目标就是不断解放和发展生产力,最终实现共同富裕。救助穷人,减小收入分配差距不仅会促进公平,更有助于效率的提升;资源、人才的共享有助于创新能力的提升、地区之间的协调发展。同时秉承共享发展理念,向世界人民展现中国致力于构建人类命运共同体的姿态,推动形成全球互利共赢的开放新格局。所以,这一切发展所指向的都是让人民收入不断增长、生活水平不断提高、生活质量不断改善,实现真正惠及全体人民的共享发展。

因此,从新发展理念的内在逻辑维度来看,五大方面虽各具针对性,侧重点有所不同,但五大方面既有共同的逻辑出发点,就是坚持发展中国特色社会主义事业、加快推进全面小康社会早日到来,又有共同的目标落脚点,就是“以人民为中心”,在满足“人民对美好生活向往”的过程中实现中华民族的伟大复兴。内在逻辑体系严密,特殊性与一般性兼具,兼顾国内国外、总量和结构、短期和长期,各发其力又相互促进、缺一不可。其中,创新发展、协调发展、绿色发展和共享发展理念是解决国内一系列增长动力不足、区域不平衡、收入分配失衡和环境污染等结构性问题,开放发展理念是应对国际风险和挑战。与此同时,五大发展理念之间相互促进,释放出叠加效应,体现了马克思主义的优秀理论品质。

五、以新发展理念推动中国特色社会主义事业开新局

运用新发展理念看待和解决中国当前的结构性问题、挖掘增长潜力和应对体制机制挑战,是改变新时代中国经济的重要逻辑。围绕五大发展理念,具体政策选择主要有以下几个方面。

(一)树立体现新发展理念的发展观

新发展理念的提出是关系中国发展全局的一场深刻变革。变革的起点是发展观的转变。具体体现在发展目标从以促进经济增长为中心,向平衡经济增长、区域协调、社会公平和环境友好的多重目标转变,政策视角由“总量为主”转变为“结构为主”。当前,经济社会发展的突出矛盾体现在结构问题上,人民要求更高质量、更有效率、更加公平、更可持续的发展体系。

新发展理念的核心逻辑是不再单方面突出 GDP 的核心地位，而是统筹兼顾增长、绿色、协调和共享发展，确保经济增速与结构优化、质量提升相适应，实现高质量发展。这是应对新时代面临发展症结的一剂“良药”，是对人民美好生活需要的积极回应。

实际上，中国经济可以通过政府借债和刺激计划、拼资源、拼消耗等方式在高速增长轨道上惯性奔跑，但这么做的后果可能是结构性矛盾的升级和爆发，引发系统性的金融和经济危机。而采用新发展理念框架下的发展模式，短期来看，经济增长、绿色和共享发展一定程度上难以兼得，例如加强节能减排增加了企业的生产成本，增加民生支出会牺牲一部分经济建设支出，均对增长有一定的负面影响。确切地说，“经济新常态”实际上是本届政府根据新时代发展的新变化、新矛盾做出的新选择，即愿意用一部分速度换取质量和均富。但立足长远，“经济新常态”并不是“增长、绿色和共享”目标之间的权衡折中。迈上“新常态”之路后，“增长、绿色、协调和共享”之间的冲突会被打破，进入相互促进、协同叠加的良性循环。就绿色发展而言，随着人民收入水平的提高，收入效应会增加绿色需求进而带动绿色生产和旅游业的发展，成为促进经济增长的新动能；同时绿色发展能够保护农户的健康资本、土地和林地等资产的生产力，进而提升农户的劳动生产率和收入，起到改善收入分配的作用。换言之，绿色发展模式有很大潜力替代传统的工业化发展模式。就协调和共享发展而言，随着社会分工的深入，个人的劳动生产能力很大程度上受其合作者劳动生产率的影响。研究发现，在资本投入不变的情形下，同技能劳动者之间相互合作所创造的产出一般会高于高技能劳动者与低技能劳动者之间合作所创造的产出。同时，在劳动力数量固定不变的情形下，个人的边际产出与其依附的资本有关。譬如城镇劳动力工资明显高于农村，发达地区的人均收入水平高于欠发达地区。这一差异的根源是人均资本存量差异，包括基础设施水平、金融投资水平、教育资源等方面的差异。从这个意义上说，增加对低收入群体的救助所带来的人力资本增量要大于高收入群体，帮助低收入群体更好地进入市场分工和更高效地参与市场分工，进而提升整个社会的合作效率和生产率；采取科学有效的措施促进落后地区的发展，促进基础设施、公共服务的均等化，能够增加低收入群体所依附的资本量，进而带来更高的边际产出。所以实施有利于穷人和落后地区的增长模式，不仅是促进公平，也是提升效率。

（二）完善体现新发展理念的体制机制

习近平总书记在党的十九大报告中指出：“要贯彻新发展理念，建立现代化经济体系，并将其作为新时代跨越关口的迫切要求和我国发展的战略目标。”现代化经济体系建设的底层逻辑是构建市场机制有效、微观主体有活力、宏观调控有度的经济体制，进而解决国内日渐凸显的结构性问题，推动高质量发展。经历 40 多年的改革实践，中国社会主义市场经济体制基本建立。但随着国际政治经济格局的深刻变化和调整，新冠肺炎疫情蔓延全球，国内社会主要矛盾转变，经济体制改革进入深水区。进入新时代，新一轮市场化改革多点突破，全面纵深推进。中共中央国务院先后发布了《关于新时代加快完善社会主义市场经济体制的意见》《关于构建更加完善的要素市场化配置体制机制》等文件，明确今后改革的重点是加快完善社会主义市场经济体制，以完善产权制度和要素市场化配置为重点，实现产权有效激励、要素自由流动、价格反应灵活、竞争公平有序、企业优胜劣汰，让市场机制发挥配置资源的决定性作用。

以市场促创新，减少政府对行业的过度干预，让行业保持充分的市场竞争状态，激发企业的创新活力，让企业家精神和才能充分发挥。打破行业壁垒，让更多行业进入市场。例如推动电力、油气、煤炭等能源领域市场化机制全面建立，使多种形式的经济可以在更加公平的舞台上同台竞争，让市场价格机制的作用更加充分发挥，减少政府对行业的数量和价格管制，让市场价格反映供求变化、反映市场稀缺程度，让企业利润反映市场中的贡献大小，给予创新者充足的机制激励，从而解决发展动力不足的问题。

以市场促绿色，坚持“绿水青山就是金山银山”的发展思维，推动环境治理市场全面开放，生态保护市场稳步推进，在供给侧增加和提升绿色要素（如新能源）、绿色产品、绿色产业的市场数量和竞争力。① 例如积极推进碳排放权、排污权、用能权等的确权和市场交易体系的建立，形成市场化定价机制，让排污成本和收益内化到企业和排污主体的成本收益考量当中，通过自愿交易，引导产业内部形成适当的污染和排放量。再如建立市场化、多元化生态保护补偿机制②，以市场化方式推动生态产业的发展，绿色标识的完善，绿色采购、绿色金融和绿色利益分享机制的建立，实现生产产品价值的转化，促进绿色发展。

以市场促开放，遵循全球市场和贸易规则，参与全球市场规则和秩序的制定与维护，营造更加公平的市场竞争环境，为我国与世界各国开辟更广阔的合作空间，为“一带一路”倡议的推进、人类命运共同体的构建搭桥建路，亮明我国向世界全方位开放的鲜明态度。

以市场促协调和共享发展，推动劳动力市场化改革，在要素市场化改革文件中提出“深化户籍制度改革”。推动超大、特大城市调整完善积分落户政策，探索推动在长三角、珠三角等城市群率先实现户籍准入年限同城化累计互认。放开放宽除个别超大城市外的城市落户限制，试行“以经常居住地登记户口制度”“ 营造公平就业环境，依法纠正身份、性别等就业歧视现

① 见发展改革委、环境保护部关于印发《关于培育环境治理和生态保护市场主体的意见》。

② 见国家发展改革委、财政部、自然资源部、生态环境部等 9 部门联合印发实施的《建立市场化、多元化生态保护补偿机制行动计划》。

象，保障城乡劳动者享有平等就业权利”“进一步畅通企业、社会组织人员进入党政机关、国有企事业单位渠道”。这些改革意见的提出将对劳动力的自由充分流动、劳动力市场公平问题以及消除行业工资差距具有重要作用，能够缩小城乡和区域、体制内和体制外之间收入差距，实现协调和共享发展。

（三）落实体现新发展理念的政策实践

进入新时期，新发展理念贯穿改革全过程、各领域。

在创新发展方面，在五大发展理念中，习近平总书记尤其肯定了创新的重要性，指出在五大发展理念中，创新发展居于首要位置，是引领发展的第一动力。抓住了创新，就抓住了牵动经济社会发展全局的“牛鼻子”。在实践中实施了大量的创新激励和支持政策。包括：（1）大力发展新基建，推动互联网、大数据、人工智能和实体经济深度融合。（2）完善创新相关体制，加强知识产权保护，让创新者在一个更有保障的环境中去创新，让创新者获得应有的市场激励。（3）制定并且落实更多利于创新的产业政策和奖励政策。对于国家迫切需要发展的“高、精、尖、缺”技术和重点核心产业，制定更多的政策和相关的配套资金以支持创业和创新者进入。同时，加强政府部门信息建设，让政府政策渠道更加通达，以利于传递到创业和创新者手中；并提高政府部门效率，减少审批等环节，积极服务于更多的创新和创业者，确保将创新政策有效地落到实处。（4）加强对高校、科研机构的资助，鼓励基础性研究的开展，培养一大批具有国际水平的战略科技人才、科技领军人才和高水平创新团队。加强政策对关乎国家全局和长远的重大科技项目的开展、科技成果的转化的支持，等等。

在绿色发展方面，全面加强生态环境保护，打好污染防治攻坚战。国内方面，一是制定实施“蓝天保卫战”“碧水保卫战”“土壤污染防治行动”等，在大气、水、土壤、海洋、饮水安全、减灾防灾、水土保持、防沙治沙等环境保护重点领域全面推进生态文明建设。二是严守资源环境生态红线，确保生态保护红线面积占比达到 25%，森林覆盖率达到 23.04%。三是完善生态环境治理和监管制度，例如实施生态补偿机制，全面整治“散乱污”企业及集群等措施。国际方面，支持提升环境标准的《跨太平洋伙伴关系协定》（TPP）；2016 年加入《巴黎气候变化协定》，向国际社会承诺中国会始终坚定地、积极地应对气候变化，落实《巴黎协定》，并在 2020 年完成目标；2020 年 9 月，习近平主席在第七十五届联合国大会上关于气候变化问题进一步提出 2060 年之前“碳中和”目标，届时我国二氧化碳的净排放量将为零。

在协调发展方面，积极推动城乡区域协调发展，优化现代化经济体系的空间布局。实施好区域协调发展战略，加大力度支持革命老区、民族地区、边疆地区、贫困地区加快发展，强化举措推进西部大开发形成新格局，深化改革加快东北等老工业基地振兴，发挥优势推动中部地区崛起，创新引领率先实现东部地区优化发展，建立更加有效的区域协调发展新机制。以城市群为主体构建大中小城市和小城镇协调发展的城镇格局，加快农业转移人口市民化。推动京津冀协同发展和长江经济带发展，同时协调推进粤港澳大湾区发展。坚持陆海统筹，加快建设“海洋强国”。

在开放发展方面，为应对复杂严峻的国际环境，中国政府提出“国内国际双循环战略”，发展更高层次的开放型经济，坚定不移支持全球化发展，积极参与全球经济治理和公共产品供给。包括：深入推进“一带一路”倡议，开展跨国互联互通、共商共建，实现互利互惠；推进自由贸易区建设，促进贸易和投资自由化、便利化；深化与周边国家的互利合作，推进亚太自由贸易区建设；积极参与全球治理体系建设和公共品提供，坚决支持全球化，反对贸易保护主义，树立人类命运共同体意识，坚持互利互惠、合作共赢的发展思路，携手为世界和平、稳定与繁荣提供公共品和公平规则。

在共享发展方面，着力践行以人民为中心的发展思想，坚持发展为了人民、发展依靠人民、发展成果由人民共享。党的十八大以来，明确到2020年我国现行标准下农村贫困人口实现脱贫、贫困县全部摘帽、解决区域性整体贫困的目标任务。党的十九大进一步作出坚决打赢脱贫攻坚战的重大战略决策。在扶贫攻坚工作中，采取了精准扶贫、精准脱贫方略，找到"贫根"，对症下药，靶向治疗。具体政策安排有：坚持中国制度的优势，构建省、市、县、乡、村五级一起抓扶贫，层层落实责任制的治理格局。注重抓六个精准，即扶持对象精准、项目安排精准、资金使用精准、措施到户精准、因村派人精准、脱贫成效精准，确保各项政策好处落到扶贫对象身上。坚持分类施策，因人因地施策，因贫困原因施策，因贫困类型施策，通过扶持生产和就业发展一批，通过易地搬迁安置一批，通过生态保护脱贫一批，通过教育扶贫脱贫一批，通过低保政策兜底一批。广泛动员全社会力量，支持和鼓励全社会采取灵活多样的形式参与扶贫。现阶段我国脱贫攻坚目标任务接近完成，贫困人口从2012年年底的9899万人减到2019年年底的551万人，贫困发生率由10.2%降至0.6%。

第二讲　深化区域协调发展理论创新，促进新发展格局构建

孙久文

中国人民大学应用经济学院二级教授，博士生导师。教育部马克思主义理论研究与建设工程首席专家（区域经济学），国家自然资源部《全国国土空间规划（2020—2035）》专家组专家

区域协调发展理论是习近平中国特色社会主义思想的重要组成部分之一，也是实现中国特色社会主义现代化的重要途径之一，更是构建新发展格局的主要抓手之一。

进入"十四五"时期，我国新时代社会发展面临的主要矛盾是发展"不平衡、不充分"问题，实现区域协调发展是解决发展"不平衡、不充分"问题基本路径之一。习近平总书记在党的十九大报告中将区域协调发展战略首次上升为统领性的区域发展战略，成为新时代建设现代经济体系的重要组成部分，也成为启动中国现代化新征程的重要途径，更显示出在构建新发展格局当中的重要作用。

本文拟从面向新时代的区域发展实践要求，探讨习近平区域协调发展

思想的理论渊源与实现中国特色社会主义现代化的现实途径,并阐述其在构建新发展格局中的作用。

一、经典理论关于区域协调发展的阐述

马克思主义经典理论当中,对区域协调发展的思想较早就有阐述;毛泽东主席在《论十大关系》一文中,重点阐述了如何正确处理沿海与内地的关系问题;邓小平同志在20世纪90年代初的"南方谈话"中,提出"两步走"方针,阐述了沿海地区与内地地区互相帮扶的基本路线;习近平总书记多次强调区域协调发展的重要意义,亲力亲为提出了京津冀协同发展、雄安新区等重大战略,使区域协调发展的理论与实践更好地结合起来。

马克思在《资本论》中关于分工理论的论述,蕴含了区域协调发展的思想。他从资本主义工场手工业看到了分工协作的好处。马克思指出:"许多人在同一生产过程中,或在不同的但互相联系的生产过程中,有计划地一起协同劳动。"①马克思说的协作是由工厂手工业工人间的分工带来的。他从工场手工业内部的分工协作想到了社会内部的分工协作,进而想到了地域间的分工协作。马克思对劳动地域分工做出过详细的解释。马克思曾说:"一个民族的生产力发展的水平,最明显地表现在该民族分工的发展程度上"②,"这既包括部门、企业间和企业内部的分工,也包括把一定生产部门固定在国家一定地区的地域分工"③。

① 马克思:《资本论》第一卷,人民出版社2004年版,第378页。
② 《马克思恩格斯文集》第一卷,人民出版社2009年版,第52页。
③ 《马克思恩格斯文集》第一卷,人民出版社2009年版,第52页。

马克思和恩格斯提出了要在共产主义阶段消灭城乡对立、实现城乡融合的设想。恩格斯指出：“通过消除旧的分工，进行生产教育、变换工种、共同享受大家创造出来的福利，以及城乡的融合，使社会主体成员的才能得到全面的发展”①，又指出“城市和乡村的对立的消失不仅是可能的，它已经成为工业生产本身的直接需要，正如它已经成为农业生产和公共卫生事业的需要一样。只有通过城市和乡村的融合，现在的空气、水和土地的污染才能排除。只有通过这种融合，才能使现在城市中日益病弱的群众的粪便不致引起疾病，而是用来作为植物的肥料”②。

我们从上述论述中可以看到，恩格斯认为可以通过生产力的平衡分布来消除城乡分离。他写道：“从大工业在全国的尽可能平衡的分布是消灭城乡分离的条件这方面来说，消灭城市和乡村的分离也不是什么空想。”③他指出可以充分利用各地区的资源优势，缩小各地区的发展差距，消灭城乡差别。因此，作为区域协调发展基础的生产力平衡分布的思想，最早可以追溯到马克思主义早期的经典论述。

新中国成立后，党和政府开始了促进区域协调发展的探索。1953 年后，我国开始第一个五年计划，毛泽东结合我国发展的国情，提出了利用沿海工业发展内地工业的生产力平衡布局思想。毛泽东在《论十大关系》一文中指出：“沿海的工业基地必须充分利用，但是，为了平衡工业发展的布局，内地工业必须大力发展”“好好地利用和发展沿海的工业老底子，可以使我们更有力量来发展和支持内地工业”④。这一思想也成为第一代中央领导集体生产力布局的指导思想。

① 《马克思恩格斯文集》第一卷，人民出版社 2009 年版，第 689 页。
② 《马克思恩格斯文集》第九卷，人民出版社 2009 年版，第 313 页。
③ 《马克思恩格斯文集》第九卷，人民出版社 2009 年版，第 319 页。
④ 《毛泽东著作选集》下册，人民出版社 1986 年版，第 723、724 页。

毛泽东强调要利用沿海地区工业发展的优势，带动内地工业的发展。为实现工业在全国的均衡发展，就要实行沿海工业与内地工业并举的生产力布局。由于20世纪60年代的中苏关系破裂，中国周边局势紧张，毛泽东在《论十大关系》中指出："新的工业大部分应当摆在内地，使工业布局逐步平衡，并且利于备战，这是毫无疑义的。"①按照毛泽东的战略思路，新中国成立后的28年间，国家采取了一系列向中西部倾斜的产业布局政策，使中西部的工业得到了一定的发展。但生产力和投资重点过分关注于较落后的中西部地区，因而忽视了经济效益目标。

邓小平将区域协调发展问题与中国特色社会主义发展的时代背景相结合，既坚持了毛泽东区域协调发展思想的合理内核，又融入了对时代的思考。改革开放之后，邓小平指出，"我们坚持走社会主义道路，根本目标是实现共同富裕，然而平均发展是不可能的。过去搞平均主义，吃'大锅饭'，实际上是共同落后，共同贫穷。我们就是吃了这个亏。改革首先要打破平均主义，打破'大锅饭'"。改革开放后的1985年，邓小平在视察天津时说："我的一贯主张是，让一部分人、一部分地区先富起来，大原则是共同富裕。一部分地区发展快一点，带动大部分地区，这是加速发展、达到共同富裕的捷径。"②1988年9月，邓小平又指出："沿海地区要加快对外开放，使这个拥有两亿人口的广大地带较快地发展起来，从而带动内地更好地发展，这是一个事关大局的问题。内地要顾全这个大局。反过来，发展到一定的时候，又要求沿海拿出更多力量来帮助内地发展，这也是个大局。那时沿海也要服从这个大局。"邓小平同志的这个论述，成为"两个大局"战略的基本指导思想。

通过先富带动后富，是邓小平区域协调发展思想的重要内容。东部发

---

① 《毛泽东著作选读》下册，人民出版社1986年版，第724页。

② 《邓小平文选》第二卷，人民出版社1994年版。

展起来后反哺西部，可以缩小地区间发展差距。这一战略思想不仅承认了各地区之间发展的差别，要破除平均主义，而且提出区域要协调发展，最终目的是要实现生产力的合理布局。在邓小平理论的指导下，改革开放以来我国的生产力布局逐步趋于合理，区域分工和区际贸易有了新的发展，对外开放的格局正在不断深入。①

党的十六大以后，胡锦涛提出统筹区域发展就是要统筹兼顾，合理布局，妥善处理区域发展中的各方面关系，走各地区协调发展、共同富裕之路。第四代领导集体在总结中国区域经济发展进程的基础上，先后启动了东北振兴和中部崛起的发展战略，结合东部率先发展，提出了中国区域发展总体战略。国家重新调整了区域发展的布局："积极推进西部大开发，有效发挥中部地区的综合优势，支持中西部地区加快改革发展，振兴东北地区等老工业基地，鼓励有条件的东部地区率先基本实现现代化，逐步形成东、中、西部经济互联互动、优势互补、协调发展的新格局。"

胡锦涛在党的十七大报告《高举中国特色社会主义伟大旗帜　为夺取全面建设小康社会新胜利而奋斗》中表示："要推动区域协调发展，优化国土开发格局。缩小区域发展差距，必须注重实现基本公共服务均等化，引导生产要素跨区域合理流动。要继续实施区域发展总体战略，深入推进西部大开发，全面振兴东北地区等老工业基地，大力促进中部地区崛起，积极支持东部地区率先发展。加强国土规划，按照形成主体功能区的要求，完善区域政策，调整经济布局。"这些思想是第四代领导集体对于协调发展的集中贡献。

为了解决新时代社会主要矛盾中的发展"不平衡、不充分"的问题，党的十九大报告将区域协调发展战略提升为重大国家战略之一，使其成为统

---

①　范恒山等：《中国区域协调发展研究》，商务印书馆 2012 年版。

领性的区域发展战略。在党的十九大报告中,习近平总书记对区域协调发展战略的阐述是:“加大力度支持革命老区、民族地区、边疆地区、贫困地区加快发展,强化举措推进西部大开发形成新格局,深化改革加快东北等老工业基地振兴,发挥优势推动中部地区崛起,创新引领率先实现东部地区优化发展,建立更加有效的区域协调发展新机制。以城市群为主体构建大中小城市和小城镇协调发展的城镇格局,加快农业转移人口市民化。以疏解北京非首都功能为‘牛鼻子’推动京津冀协同发展,高起点规划、高标准建设雄安新区。以共抓大保护、不搞大开发为导向推动长江经济带发展。支持资源型地区经济转型发展。加快边疆发展,确保边疆巩固、边境安全。坚持陆海统筹,加快建设海洋强国。”习近平总书记概括了区域发展的全部内容,区域协调发展战略成为新时代建设现代化经济体系的重要组成部分。

二、区域协调发展的理论创新与实践探索

区域协调发展是在 1991—1995 年江泽民担任总书记时中央提出的一个重要的发展思路,1999 年西部大开发的提出,预示着区域协调发展从理论到实践的转变。胡锦涛担任总书记期间,将区域协调发展的思想上升为区域协调发展战略,并在此基础上形成区域发展总体战略。进入新时代,习近平总书记将区域协调发展战略上升为区域发展的统领性战略,并以国家重大战略的方式推进区域协调发展的实践创新,有效地促进了我国的区域经济发展。

（一）区域协调发展战略的形成过程与阶段特征

我国的区域协调发展战略从形成到实施，可以划分为三个阶段：1995—2000年、2001—2012年、2013年至今。

1. 区域协调发展战略第一阶段（1995—2000年）

改革开放启动后，在当年改革开放的大背景下，东部沿海地区抓住机遇加快发展，利用国际产业转移的大趋势，充分发挥当时我国劳动力成本低的优势，顺应向沿海倾斜的区域发展战略，集中发展现代制造业，促进了经济的迅速发展，形成了沿海制造业基地，并形成了京津冀、长三角和珠三角三大都市圈。而中西部地区由于远离海洋，交通运输成本高，发展经济条件受限，加上对外开放程度较低，经济发展相对缓慢，拉大了与东部地区的经济发展的差距。区域差距日益扩大给国民经济和人民生活都带来了不利的影响，因此中央从“九五”时期开始，就提出要缓解区域发展差距的扩大问题，而主要途径就是要实施区域协调发展战略。一般认为，从1995年到2003年，是区域协调发展的提出阶段，这期间学术界对于区域协调发展的内涵和主要内容等进行了探讨，对中国区域发展的差距进行了大量研究，重点分析了区域差距产生的原因，并努力找出解决的方案。

2. 区域协调发展战略第二阶段（2001—2012年）

进入21世纪，中央决定实施西部大开发，我国的区域经济发展进入东部支援西部的区域协调发展的新时期。实施西部大开发促进了西部地区的经济快速发展，从2000年至2009年西部地区的GDP年均增长11.9%，高于全国同期的平均增速。西部大开发以基础设施建设先行，取得了突破性的进展，青藏铁路、西气东输、西电东送等骨干工程，铁路、高速公路和大型水利枢纽等一批重点工程完工，改变了西部地区发展的条件，为后续的发展奠定了基础。2002年中央提出实施东北等老工业基地振兴战略，加快对东北等老工业基地的工业企业进行技术改造，提升区域发展能力。2004年，中央开始实施中部崛起战略。中部崛起是以承接产业转移为核心，大力发展现代制造业，形成新的制造业核心区。在西部大开发、东北振兴、中部崛起等战略实施之后，一个覆盖全部国土的区域发展总体战略开始形成，区域协调发展战略进入新的阶段。

3. 区域协调发展战略第三阶段（2013 年至今）

在党的十八大之后，区域协调发展进一步成为新时代重要的发展战略。2013 年的中央经济工作会议，改善需求结构、优化产业结构、促进区域协调发展、推进城镇化成为新时代中国经济发展的四个主攻方向。

2014 年 12 月，中央经济工作会议明确提出“要重点实施‘一带一路’建设、京津冀协同发展和长江经济带发展三大战略”。此后，作为我国经济发展在空间格局上的重大创新，“三大战略”的顶层设计逐渐被落实为具体行动。京津冀协同发展的地域范围包括京、津、冀三省份，总人口超过 1 亿，地区生产总值占全国的 1/10 以上，是环渤海经济圈的核心区域，辐射山东、辽宁。作为我国经济第三增长极，京津冀协同发展意义重大，是国家层面的重要战略。通过对京津冀三地的要素整合，推动产业升级转移，构建交通一体化网络，扩大环境容量生态空间，实现区域协同发展，可对其他地区开展区域合作起到示范作用。长江经济带是承东启西、对接“一带一路”的核心经济带，包括 11 个省市，人口约 6 亿，GDP 总量超过全国的 40%。它是我国区域经济发展的重要引擎，包括长三角城市群、长江中游城市群、成渝城市群三个国家级城市群及滇中城市群和黔中城市群两个区域性城市群。其沿线城市群发展水平梯度差异较明显，自西向东发展水平依次提高，形成以长三角城市群为龙头，长江中游城市群和成渝城市群为重要支撑，以滇中城市群和黔中城市群为补充的格局。

通过区域协调发展战略促进完全建成小康社会，这一时期集中体现在“精准扶贫”上。2015 年 10 月 17 日，习近平总书记在国际扶贫日的讲话中提出，到

2020年实现7017万贫困人口脱贫、592个贫困县摘帽和解决区域性贫困问题三大目标。这一战略直接把区域发展与实现小康社会密切联系起来了。

经过40多年的改革开放，我们党带领全国人民解决了温饱问题，进入全面决胜小康社会的新时期。我们用不到40年的时间，走过了发达国家100年才走过的经济发展道路，成为世界第二大经济体，这在人类发展史上是绝无仅有的。伴随着人民生活水平的日新月异，中国特色社会主义制度的日益完善，正如习近平总书记所说的："我们比历史上任何时期都更接近、更有信心和能力实现中华民族伟大复兴的目标。"

（二）党的十九大关于区域协调发展思想的理论创新

党的十九大是中国经济发展的里程碑。习近平总书记在党的十九大报告中明确指出："新时代我国社会主要矛盾已经转化为人民日益增长的美好生活需要和不平衡不充分的发展之间的矛盾，必须坚持以人民为中心的发展思想，不断促进人的全面发展、全体人民共同富裕。"之所以能够做出这一判断，主要是基于全国人民在党的领导下，解决了贫困和温饱，即将进入全面小康社会。在我国生产力发展水平已经发生变化的基础上，人民对美好生活的期待和需要都有了提升，我国社会主要矛盾必然会发生相应变化。

习近平总书记对区域协调发展的重要贡献，一是理论上不断创新，二是实践上持续探索，把区域协调发展战略推向一个新的高度。党的十九大对区域协调发展理论的创新，主要体现在把区域协调发展战略首次提升为统领性的区域发展战略，并作为解决新时代社会发展"不平衡、不充分"的主要矛盾的重要途径。习近平总书记在党的十九大报告中对区域协调发展战略的阐述是理论创新的集中体现："加大力度支持革命老区、民族地区、边疆地区、贫困地区加快发展，强化举措推进西部大开发形成新格局，深化改革加快东北等老工业基地振兴，发挥优势推动中部地区崛起，创新引领率先实现东部地区优化发展，建立更加有效的区域协调发展新机制。以城市群为主体构建大中小城市和小城镇协调发展的城镇格局，加快农业转移人口市民化。以疏解北京非首都功能为‘牛鼻子’推动京津冀协同发展，高起点规划、高标准建设雄安新区。以共抓大保护、不搞大开发为导向推动长江经济带发展。支持资源型地区经济转型发展。加快边疆发展，确保边疆巩固、边境安全。坚持陆海统筹，加快建设海洋强国。”

区域协调发展要实现以下五个方面的具体目标①：

一是区域协调发展战略的总体目标。以协调东部、中部、西部和东北“四大板块”之间的关系为基础。党的十九大报告的理论创新，是提出以区域协调发展战略统领板块之间、经济带之间、城乡之间、类型区之间的发展关系。

二是区域协调发展战略的社会发展目标。在实现基本公共服务均等化的基础上，进一步提高公共服务的发展水平。党的十九大报告的理论创新，是从社会主义现代化建设的新要求出发，要特别重视贫困地区基本公共服务的主要领域指标接近全国平均水平，使基本公共服务供给保障措施更加完善，可持续发展的长效机制基本形成。

三是区域协调发展战略的经济目标。区域协调发展战略的经济目标就是实现区域经济的高质量发展。面对百年未有之大变局，我国经济运行的内外形势复杂多变。党的十九大报告的理论创新，是首次提出“高质量发展”的概念，把转变发展方式、优化经济结构、转换增长动力作为高质量发展的主要内容。中央提出的“国内大循环、国内国际双循环”的战略，更加凸显区域经济在国民经济运行中的重要作用，也必将对区域协调发展起到更加显著的促进作用。

四是区域协调发展战略的空间目标。形成以经济带建设为主体的空间

① 孙久文：《论新时代区域协调发展战略的发展与创新》，《国家行政学院学报》2018 年第 4 期。

战略。党的十九大报告的理论创新，是习近平总书记提出长江经济带战略、京津冀协同发展战略、粤港澳大湾区战略、长三角一体化发展战略、黄河流域生态保护与高质量发展战略五个国家重大区域发展战略，一个新的、以经济带为中心的区域发展新时代正在到来。

五是区域协调发展战略的生态环境目标。以“绿水青山就是金山银山”的“两山理论”为指导，实现区域生态环境的可持续发展。我国是一个拥有约960万平方公里土地的大国，也是一个生态环境多样化的国家，高原、山地、沙漠、草原等占据国土的相当大的比例。党的十九大报告的理论创新，是根据我国历史遗留的环境问题较为严重，建设生态文明的任务十分繁重的现实，提出我们在区域发展和经济建设时，必须以保护生态环境为基础，以实现可持续发展为目标。

（三）国家重大战略对区域协调发展的实践探索

党的十八大、十九大以来，在习近平总书记关于区域协调发展思想的引领下，以国家重大战略为特征的区域协调发展战略的实践探索，主要集中在以下几个方面。

第一，特殊区域发展战略。在党的十九大报告中首先提出关于特殊区域的发展，包括加大力度支持革命老区、民族地区、边疆地区、贫困地区加快发展。这些特殊区域当中，贫困地区的涵盖面最广，解决了贫困地区的发展问题，就解决了特殊区域的问题。2013年以来，以“精准扶贫”为中心，重点解决贫困地区的基础设施缺乏和基本公共服务不完善等问题；面对产业基础薄弱的现状，采取扶持农业生产或畜牧养殖的政策，并采取产业扶贫的政策，发展“扶贫车间”等形式的对策。资源枯竭地区是另一种特殊区域，以东北老工业基地为代表。资源枯竭地区的典型问题是产业结构单一，体制机制建设缓慢，严重制约经济发展。解决资源枯竭地区的问题关键是经济政策，需要给予特殊的政策支持，例如资源开发补偿机制、衰退产业援助机制、新兴产业扶持机制等。对于其中本身发展能力弱的区域，更要增加人力物力的支援。

第二，经济带发展战略。目前形成国家重大战略的五大经济带：长江经济带、京津冀协同带、粤港澳大湾区经济带、长三角经济带和黄河流域生态保护与高质量发展带，均是在一个开放的区域空间中，由相对发达的区域与相对不发达的区域结合构成的经济空间。从经济带形成的过程来看，经历了经济增长极、发展轴、经济网络三个过程，到经济带的形成，就进入了区域空间的高级发展阶段。因此，落实经济带发展战略，可以形成发达地区的优化和高质量发展，带动相对落后区域的生产力优化布局，促使区域经济的要素配置发生有利于新动能形成的积极变化，进而推动整个国家区域经济的协同发展。

第三，城市化带动战略。城市化是我国实现现代化的必由之路，是保持经济持续发展的强大引擎，是促进产业结构转型升级的重要途径，是推动区域协调发展的有力支撑。我国目前已经形成了城市群—都市圈—中小城市—小城镇这样的城市分布格局。其中，在全国主要城市群中，以大城市或特大城市为核心，与中小城市和小城镇相结合，成为我国城市化推进的主要地域。同时在西部地区，由于面积广大，人口与经济生活分散的区域，应当重点发展大城市和特大城市，形成该区域的核心增长极。伴随时间的推移，城市群和都市圈的作用将进一步凸显。从目前已经成型的核心区域来看，长三角城市群、粤港澳大湾区城市群和京津冀城市群已经成熟，未来重点建设的城市群有：成渝城市群、中原城市群、长江中游城市群、关中城市群、东北中部城市群、北部湾城市群、兰（州）西（宁）城市群、呼包鄂榆城市群和天山北坡城市群等。

第四，陆海统筹战略。“十二五”规划开始，中央明确提出陆海统筹的要求，将发展海洋经济、建设海洋强国放在战略性的高度。党的十九大报告从战略高度对海洋事业发展做出了重要部署，明确指出要“坚持陆海统筹，加快建设海洋强国”。在当前的国际局势下，新时期继续推动陆海统筹战略，必须统筹海洋维权与周边稳定、统筹近海资源开发与远洋空间拓展、统筹海洋产业结构优化与产业布局调整、统筹海洋经济总量与质量提升、统筹海洋资源与生态环境保护、统筹海洋开发强度与利用时序，并以此作为制定国家海洋战略和制定海洋经济政策的基本依据。

第五，生态安全战略。推进生态文明建设是新时期区域发展的重要组成部分，是区域可持续发展的重要保障。习近平总书记十分重视生态文明建设，多次指出建设生态文明，关系人民福祉，关乎民族未来。把生态文明提高到民族生存的高度来认识，是从来没有过的，也体现了习近平总书记在区域发展上的高瞻远瞩。对于如何推进生态文明建设，习近平总书记从树立生态观念、完善生态制度、维护生态安全、优化生态环境，形成节约资源和保护环境的空间格局等方面提出了基本的思路。习近平生态文明思想，对于我们谋划国土开发、优化科学布局、推进城镇化建设和实施乡村振兴战略等，都具有划时代的指导意义。

三、区域协调发展与构建新发展格局

伴随“十四五”时期的到来，中华民族的伟大复兴迎来了关键的机遇期：在我国全面建成小康社会之后，开启了建设社会主义现代化的新征程。构建新发展格局，是我们当前的主要任务。

（一）全面建成小康社会与开启社会主义现代化建设新征程

当决胜小康社会胜利之后，我国进入了开启社会主义现代化建设新征程的新阶段。区域协调发展是开启社会主义现代化建设新征程的重要途径。

全面建成小康社会是国家整体目标，我国发展不平衡，城乡、区域、人群之间存在收入差距是正常的，全面小康不是平均主义。2020 年 6 月 1 日，习近平总书记在《求是》杂志发表重要文章《关于全面建成小康社会补短板问题》，全面阐述了区域发展与全面建成小康社会的关系。习近平总书记特别强调全面建成小康社会过程中也有一些短板，必须加快补齐。因此，全面建成小康社会牵涉到经济社会发展的各个方面，要聚焦短板弱项，实施精准攻坚。但补短板是硬任务，这就要求我们要实施区域协调发展战略，在坚持协调发展中补齐短板。

一是全面建成小康社会目标的实现，要求我们补足发展中存在的一些短板弱项，诸如革命老区的发展问题、少数民族地区发展问题、贫困人口脱贫问题、边疆地区发展问题、老工业基地振兴问题、资源枯竭地区问题等，哪一项问题不解决都会影响全面小康的质量和水平。

二是我国各地区之间的发展差距还没有完全消除，并且还有继续扩大的趋势。2019 年，我国东部地区生产总值 51.12 万亿元，人均 GDP 为 9.4 万元；中部地区生产总值 21.87 万亿元，人均 GDP 为 5.9 万元；西部地区生产总值 20.52 万亿元，人均 GDP 为 5.4 万元；东北地区生产总值 5.02 万亿元，人均 GDP 为 4.7 万元。中部和西部地区的人均 GDP 是东部地区的 60%左右，东北地区则只有东部地区的 50%。所以，我们在全面建成小康社会的过程中，一直致力于缩小区域发展差距。

三是城乡之间的收入差距很大，城乡均衡发展还有很长的路要走。国家统计局的数据显示，2019 年全国人口达 140005 万，其中城镇常住人口

84843 万人，农村常住人口 55162 万人，城镇化率为 60.60%。2019 年城镇居民的人均可支配收入为 42359 元，农村居民的人均纯收入为 16021 元，两者之比为 2.64∶1。城镇 20%的高收入户的人均可支配收入为 91683 元，农村 20%的低收入户的人均纯收入只有 4263 元，两者的收入差距十分巨大。所以，城乡差距缩小的过程，也是小康社会向前推进并全面建成的过程。

区域协调发展与全面建成小康社会是我国现代化建设中紧密联系的方面，它们之间的关系是相互促进、互相推动的。加快落实区域协调发展战略，是全面建成小康社会之后加快推进社会主义现代化建设的重大战略任务，也是加快社会经济发展的一个重要推动力。实现全面小康是我们建设社会主义现代化强国的一个初步的重要阶段目标的实现。

当前，我国已经全面建成小康社会并进入新的发展阶段。因此，当前最紧要的任务是构建新发展格局。按照党的十九届六中全会公报的理念：进入新发展阶段明确了我国发展的历史方位，贯彻新发展理念明确了我国现代化建设的指导原则，构建新发展格局明确了我国经济现代化的路径选择。指出构建新发展格局则是应对新发展阶段机遇和挑战、贯彻新发展理念的战略选择。

（二）坚持区域协调发展，构建新发展格局

党的十九届六中全会公报指出，习近平新时代中国特色社会主义思想是当代中国马克思主义、21 世纪马克思主义，是中华文化和中国精神的时代精华，实现了马克思主义中国化新的飞跃。党确立习近平同志党中央的核心、全党的核心地位，确立习近平新时代中国特色社会主义思想的指导地位，反映了全党全军全国各族人民共同心愿，对新时代党和国家事业发展、对推进中华民族伟大复兴历史进程具有决定性意义。党中央在党的十九届

六中全会上号召:全党全军全国各族人民要更加紧密地团结在以习近平同志为核心的党中央周围,全面贯彻习近平新时代中国特色社会主义思想,大力弘扬伟大建党精神,勿忘昨天的苦难辉煌,无愧今天的使命担当,不负明天的伟大梦想,以史为鉴、开创未来,埋头苦干、勇毅前行,为实现第二个百年奋斗目标、实现中华民族伟大复兴的中国梦而不懈奋斗。

贯彻党的十九届六中全会精神,为攻坚新发展格局而奋斗,就更要坚持区域协调发展,把区域协调发展战略作为实现新格局的重要途径。

第一,构建新格局要求围绕促进区域协调发展形成新的体制机制。在建立健全区域合作机制、区域互助机制、区际利益补偿机制等方面进行积极探索,进一步促进京津冀协同发展、长江经济带发展、粤港澳大湾区建设、长三角一体化发展等一批重大战略向前发展,取得重大成效。促进各地经济总量普遍提高,地区间的发展差距逐步缩小。从区域板块上来看,重点是促进中西部地区的发展速度逐步加快,其生产总值占全国生产总值的比重趋于稳定;从城乡发展来看,我国城镇化率要稳步提升,使各区域城镇化水平趋于平衡。

第二,构建新格局要求更好地发挥各地区的比较优势。习近平总书记多次强调,现代化经济体系是由社会经济活动的各个环节、各个层面、各个领域的相互关系和内在联系构成的一个有机整体。现代化经济体系包含产业体系、市场体系、收入分配体系、城乡区域发展体系、绿色发展体系、全面开放体系和充分发挥市场作用、更好发挥政府作用的经济体制等方面。城乡区域发展体系在现代经济体系中的作用,是作为现代化经济体系的空间特征而存在,是推动解决我国区域发展不平衡的主要途径。发挥各地区的比较优势,就需要按照各地区的比较优势的原则,给予各个地区准确的定位,让每一个地区的积极性都得到充分的发挥。总地来说,我国各地区之间开放合作的深度和广度都在不断扩展、各地区产业转型升级加速,功能定位更加清晰，在区域发展中效率与公平并重。

第三，构建新格局要求按照国内国际“双循环”的要求优化区域产业布局。习近平总书记多次强调：不能片面强调“以国内大循环为主”，并主张在对外开放上进行大幅度收缩；也不能片面强调“国内国际双循环”，不顾国际格局和形势变化，更不能各自为政、画地为牢，不关心建设全国统一的大市场、畅通全国大循环。因此，把优化产业空间布局作为构建“双循环”新格局的具体抓手，按照平衡东中西、协调南北方和大分散、小集中的布局原则，把数字经济、人工智能等新兴的产业，根据地区的条件在全国范围内进行布局，使东部地区成为国内国际“双循环”的核心区，中部地区成为国家重要的制造业基地，西部地区成为“一带一路”核心区、国家经济发展的战略纵深区，东北地区摆脱衰退重新焕发青春、建设国家经济安全特别是粮食安全的核心区。

总之，区域协调发展战略是我国现代化经济体系的组成部分，是提高资源分配效率、形成整体优化的生产力布局结构的重要手段，更是构建新发展格局的重要途径。积极推动并实施区域协调发展战略，为新时代构建国内大循环、推进国际国内双循环做出贡献。

第三讲　改革开放以来的消费发展趋势、特征和拉动内需

魏楚

教授、博士生导师，中国人民大学应用经济学院副院长

消费是拉动经济增长的重要力量，是人民美好生活的重要指标，是中国持续发展的必要条件。在贸易摩擦与新冠肺炎疫情的双重冲击下，有效扩大居民消费，实现居民消费的平稳快速增长，推动经济发展方式转型，形成消费、投资、出口协调拉动的增长格局，是“十四五”时期在全面建成小康社会的基础上迈向社会主义现代化建设的关键要点。从宏观角度看，消费是国民经济核算的重要组成部分，对于稳定总需求具有重要意义。虽然短期内可以通过刺激投资需求和净出口需求带动经济快速增长，但是如果消费需求不能相应增长，那么投资增长推动的产出增长就不能被相应的消费增长所及时消化，从而导致国内供求失衡，给企业生产和整个国民经济的平稳运行带来隐患。同时，从微观角度看，消费也是人民对美好生活需要的直接

体现，是人民实现个人权益和获取幸福感的重要途径。消费的变化与个人的效用、心理满足程度和幸福感密切相关。在党的十九大报告中，习近平总书记首次将“不断增强人民获得感、幸福感、安全感”并列提出，深化了对改革目的和发展归宿的认识。能否提高人民群众的获得感、幸福感和安全感必将成为衡量改革发展成败得失的基本指标。①

本讲基于宏观经济历史数据，研究中国改革开放以来的消费趋势、特征，梳理拉动内需的相关政策。研究消费水平的变化趋势、消费结构的特征和差异，有助于更好地理解中国居民消费行为的个体差异性、群体差异性和区域差异性；有助于进一步研究富有针对性的消费政策，释放消费潜能，重构中国消费新版图；有助于加速人民生活升级换代，实现“为中国人民谋幸福，为中华民族谋复兴”的伟大奋斗目标。

一、改革开放以来消费的发展趋势与特征

分析中国改革开放以来的消费发展趋势与特征，主要从以下几个方面展开：消费总量的变化、消费率的变化、消费倾向的变化、消费结构的变迁、城乡消费差距以及区域消费差异。

（一）消费总量高速增长

我国居民消费实现了高速增长，总量大幅提升，但人均水平与发达国家差距悬殊。

① 马振清、刘隆：《获得感、幸福感、安全感的深层逻辑联系》，《国家治理》2017年第4期。

改革开放40余年以来,伴随中国的经济发展,中国消费实现了飞速增长。从消费水平上看,全国实际居民消费总量从1978年的1759亿元上升到2019年的17619亿元,实现了近十倍的增长(由于居民消费总量是一个价值量指标,其价值的变化受价格变化和物量变化两大因素影响。本文通过居民消费指数进行折算,以1978年为基期按不变价格计算实际居民消费总量,从而剔除价格变化的影响以反映物量变化,反映人民消费水平的实际变动)。从图3-1可以看出,以1978年为基期对比40年间的消费增长与经济增长,发现实际居民消费增长高于实际GDP消费增长,且两者差距逐年扩大——实际居民消费增长率从1979年的7%上升至2019年的902%,而实际GDP增长率从1978年的4%上升至2019年的587%,消费的增长接近于经济增长的两倍。这反映了中国人民自改革开放以来消费能力明显提升,物质生活水平得到了极大的提高。

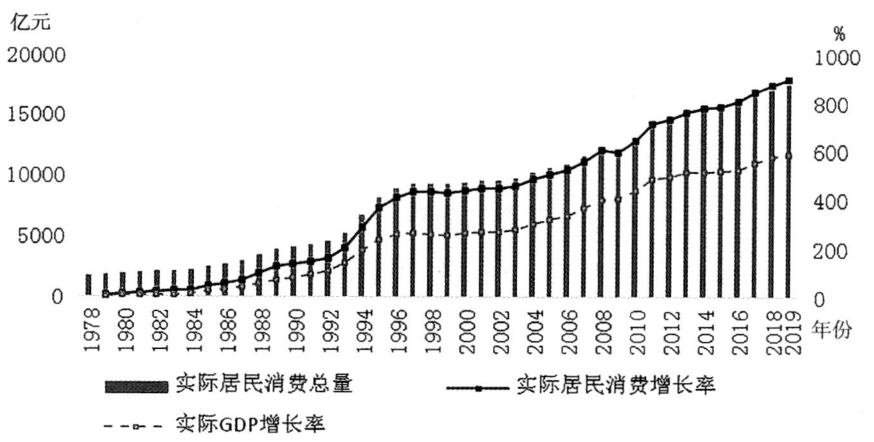

图3-1 中国实际居民消费总量与增长率以及实际GDP增长率(1978—2019年)

数据来源:国家统计局。

虽然我国居民消费经历了大幅提升,然而以国际比较的视角,从总量上看,我国消费支出水平现如今仅相当于美国20世纪90年代末的水平。1993

年中国消费总量仅占美国消费总量的27.86%，而经过20余年的经济发展，中国不断追赶美国，在2017年中国消费总量为美国的67.98%，相当于美国1999年的水平。从人均消费量上看，我国人均年消费总量为美国的16%，相当于美国1933年左右的水平。[①] 2018年我国人均年消费支出3370.6国际元，仅为美国2017年的15%，与美国1933年(3422国际元)水平相当。因此，从消费总量看，我国与美国差距相对较小，但人均消费上的差距非常大。

(二)消费率长期较低

虽然中国经济与消费水平实现了高速增长，但是中国经济发展的成就与问题并存，居民最终消费对GDP增长的贡献长期较低，这与缺乏消费支撑的传统增长模式密切相关(见图3-2)。

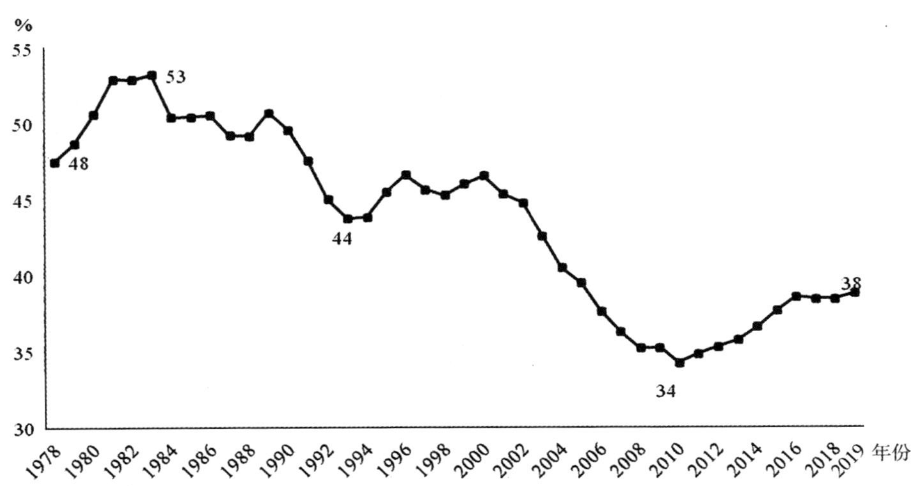

图3-2 中国居民最终消费率历史变化(1978—2019年)

数据来源：温志超等：《中国消费中长期发展趋势及能源环境效应研究》，《中国环境管理》2020年第12期。

① 姜雪：《中美居民消费结构的比较与启示》，《宏观经济管理》2019年第7期。

从居民消费率上看，消费对经济增长的贡献呈现明显的四阶段特性。第一阶段，改革开放之初，城乡居民消费占 GDP 的比重基本维持在 50%以上，但是由于生产力水平较低，这个阶段的消费增长是逐步打破长期供应短缺格局带来的弥补式增长，属于低水平增长。第二阶段，1992 年邓小平南方谈话至 2002 年，随着进一步解放思想，开启了新一轮经济建设的高潮，这个阶段投资明显加快，对外开放逐步恢复，消费率逐步下降到 50%。第三阶段，2002 年中国加入世界贸易组织（WTO）到 2008 年全球金融危机，国际市场大门的打开，进一步刺激国内生产力扩张，投资加快使得消费率持续降低。中国的资本形成率不断上升，国内需求不足又迫使中国经济提高对外依存度，出口依存度从 1978 年的 4. 7%上升到国际金融危机爆发前（2007 年）的 35. 1%，更加依赖于投资和出口驱动的增长模式，产生一定程度的路径依赖。第四阶段，2008 年经济危机之后，国际市场陷入低迷，前期投资积累的巨大生产能力面对国际市场的萎缩难以为继，经济增长的主要动力从“投资+出口”变为“投资+消费”，出口依存度和贸易余额率逐步下降，在 2014 年分别下降到 22. 5%和 2. 7%，城乡居民消费占 GDP 的比重呈现触底回升的态势。

与国际水平比较，我国消费率长期处于较低水平。据世界银行 WDI 数据库统计，1978—2018 年我国平均居民消费率只有 43. 9%，不仅显著低于发达国家普遍在 65%—70%的消费率水平，而且低于大多数东南亚发展中国家 50%的消费率水平数据显示，不同发展水平的国家的消费率差距较大，美国的居民最终消费率保持在 65%—70%，英国的居民最终消费率在 60%—65%呈增长态势，而像法国、英国、澳大利亚、日本、韩国等大多数发达国家均在 50%—60%水平范围内。过去 20 年间，我国消费率低于全球平均水平 15—20 个百分点，低于美、英 20—30 个百分点，可见中国居民消费需求明显偏离钱纳里标准，与主要 OECD 国家存在较大差距，长期处于较低的水平，未来我国居民消费具有广阔的增长空间。①

（三）消费倾向持续下滑

在1978年以前的计划经济体制之下，企业和国家承担了个人在生老病死等方面大部分的支出，因此中国居民的储蓄动机不强，城乡之间的储蓄意愿差异不大。据估算，在1952年至1978年城镇居民的平均消费倾向始终保持在95%以上②，中国居民的平均储蓄率不到5%，当时的储蓄被称为"强制性储蓄"③指的是城乡居民储蓄存款中并非由于生活节余而自愿存入银行，而是在市场供求不平衡的短缺经济环境里，城乡居民有收入后，想买却买不到合适的商品，从而不得不把本来应该用于消费的货币存入银行。

1978年之后，计划经济体制逐渐向市场经济体制转型，经济激励设计偏向企业投资与政府投资；与此同时，国家福利体制逐步被打破，企业和国家不再负担个人在住房、医疗和养老方面的个人事务支出，各类社会保障体制尚未健全，城乡居民储蓄意愿和预防性储蓄动机逐步增强，降低消费成为居民抵御经济转型过程中各类风险和不确定性的理性选择，因此"强制性储蓄"转变为"预防性储蓄"，平均消费倾向快速下降。低消费与高储蓄成为改革开放后中国经济增长模式的重要特点。

居民的消费行为与储蓄意愿因经济体制改革而发生了改变。从储蓄率（城乡居民人民币储蓄年末余额与当年GDP的比重）数据来看，居民储蓄率从1978年的5.72%上升到2014年的75.40%。高储蓄率在中国经济转型中扮演了重要角色，一方面，大量居民储蓄为经济迅速扩张提供了资金储

---

① 钱纳里、塞尔昆：《发展的型式：1950—1970》，经济科学出版社1988年版，第135页。

② 臧旭恒：《居民跨时预算约束与消费函数假定及验证》，《经济研究》1994年第9期。

③ Franco Modigliani, Shi Larry Cao, "The Chinese Saving Puzzle and the Life-Cycle Hypothesis", *Journal of Economic Literature*, Vol 42, No 1(2004), pp. 145-170.

备;另一方面,过高的储蓄率也意味着消费抑制与贸易顺差,随着消费主义兴起和贸易摩擦加剧,经济增长的高积累模式备受挑战。

从城乡居民的平均消费倾向数据来看,在改革开放之后到 1990 年,城镇居民的平均消费倾向(城镇人均消费支出与城镇人均可支配收入的比值)一般高于农村居民的平均消费倾向(农村人均消费支出与农村人均纯收入的比值),1991 年以后,城镇居民的平均消费倾向开始逐年下降,而农村居民的平均消费倾向则不断上下起伏,呈现骤降缓升的特点,比城镇居民的波动性更大。李凌和王翔①认为农村居民的平均消费倾向变化与农村居民以节俭为核心的传统消费理念有较大关系。从图 3-3 可以看出,储蓄率和平均消费倾向呈现此消彼长的关系,城镇居民平均消费倾向的下滑与城镇居民储蓄率的高涨形成鲜明的反差。

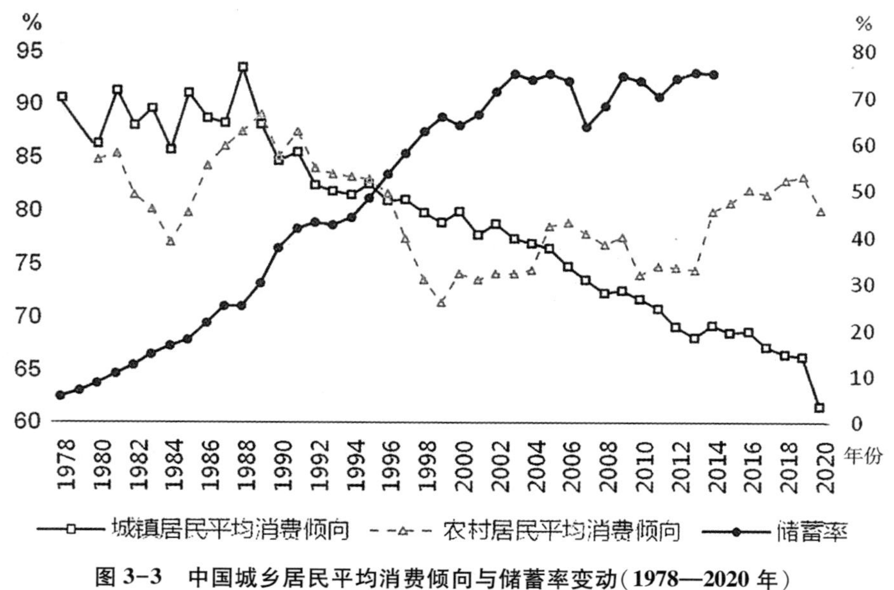

图 3-3　中国城乡居民平均消费倾向与储蓄率变动(1978—2020 年)

① 李凌、王翔:《中国城乡居民消费过度敏感性的理论分析和实证检验》,《经济科学》2009 年第 6 期。

（四）消费结构转型升级

改革开放后随着经济的持续高速发展和居民收入水平的不断提高，我国居民消费水平得到大幅度的提升，居民消费结构也发生了巨大的变化。

1. 恩格尔系数逐年下降

从恩格尔系数上看，城乡居民消费已由温饱不足和基本温饱型向富裕型转变。恩格尔系数是指一段时期内，食品消费支出占总消费支出的比重。这一比重与经济发展水平特别是收入水平具有内在的稳定关系，恩格尔系数越低，表明经济发展水平越高。联合国规定，恩格尔系数在 0. 6 以上为绝对贫困型经济，0. 5—0. 6 为温饱型经济，0. 4—0. 5 为小康型经济，0. 3—0. 4 为富裕型经济，0. 3 以下为极富裕型经济。改革开放初期，我国农村居民的生活还处于绝对贫困状态，温饱问题尚未得到解决，1978 年农村居民恩格尔系数为 0. 68；城镇居民也只是刚刚解决温饱问题。1980 年城镇居民恩格尔系数为 0. 57。改革开放之后，居民消费中食品支出所占份额逐步降低，交通、通信、居住和文教娱乐等服务型消费占比份额迅速增长，居民恩格尔系数持续下降。到 2019 年，城乡居民的恩格尔系数分别下降至 0. 28 和 0. 3，已步入极富裕型和富裕型发展阶段，消费结构的升级转型体现了城乡居民生活水平的不断提高。

但是受二元经济的影响，我国城镇居民和农村居民消费结构的演变进程有着较大的差距。农村居民的恩格尔系数在历史上持续高于城镇居民。我国城镇居民在 1993 年提前结束了温饱型消费阶段，进入了小康型消费阶段，2000 年进入富裕型消费阶段，发展型、享受型消费比重明显上升，2019 年恩格尔系数首次跌破 0. 3，进入极富裕型消费阶段，城镇居民消费结构的演变已经经历了三个阶段，正在经历消费结构演变的第四个阶段。而我国农村居民在 1983 年脱离绝对贫困，进入温饱型消费阶段，直到 2000 年才解决温饱问题，之后进入小康，2012 年进入富裕型消费阶段。相对城镇来说，农村居民消费升级缓慢。

2. 升级路径的四阶段特征

根据马斯洛理论的需求"金字塔",需要分成生理需要、安全需要、社交需要、尊重和自我实现五类,依次由较低层次到较高层次排列。因此,中国居民在最基本的物质"吃、穿、住"上得到满足后,就会追寻"科教、文娱"等能带来精神满足的消费品。居民消费结构经历了从基本的物质型消费逐步向发展型和享受型生活消费升级的过程。

第一阶段,满足基本生活需要的生存型消费阶段(1978—1993 年)。1993 年,我国城镇居民恩格尔系数首次下降至 50%,这意味着我国城镇居民消费结构有了重要变化。在 1993 年以前,我国城镇居民消费主要是在长期未得到满足的生存性基本物质消费品上。1978—1993 年,生存性需求的所占主导地位逐渐降低,新兴耐用消费品开始普及,这段时期消费品市场的波动原因主要是居民对商品短缺时期消费需求的一种补偿。城镇居民消费结构发生了巨大的变化:从百元级的消费品(自行车、缝纫机、手表和收音机)向千元级消费品(彩电、空调、冰箱、洗衣机等家用电器)甚至万元级消费品转变。以彩电、冰箱和洗衣机为主的"三大件"商品开始受到追捧,消费结构实现第一次升级。这一时期零售额由 1977 年的 40. 4 亿元增加到 1989 年的 294. 8 亿元,平均每年增加 21. 2 亿元,年均增长 18%。其中,家电类商品年均增长 20. 6%,所占比重 1989 年达到 45. 5%,比 1977 年提高了 10. 4 个百分点。直到 1994 年,城镇居民洗衣机、彩电和电炊具已经大范围普及:每百户家庭拥有洗衣机 87 台、彩色电视机 86 台、电冰箱 62 台、电炊具 75 件、淋浴器 25 台、吸尘器 9 台、空调 5 台。① 66. 3%的家庭使用了煤、

① 数据来源:《新中国 60 年统计资料汇编》。

气或液化气，23.2%的家庭安装了电话，30.5%的家庭拥有自主产权的住房。① 与1985年相比，1994年食品和衣着类消费下降了3.21%，而在交通通信、居住上的消费比重则分别提高了3.06%和3.21%。

第二阶段，生存型为主、发展型消费逐步增加阶段（1994—2000年）。2000年，我国城镇居民恩格尔系数首次低于40%，城镇居民消费结构由生存型逐步向发展型和享受型转变，城镇居民消费范围不断扩大，居住、家庭设备及用品、交通通信、文教娱乐、医疗保健等消费逐渐活跃。这一阶段，居民对老“三大件”——彩电、冰箱、洗衣机的需求已经基本得到满足，空调、电脑、钢琴、健身器材等消费品逐渐受到青睐，消费结构实现第二次升级。城镇居民消费结构升级主要表现为：（1）家庭设备用品及服务消费迅速增长，空调、吸尘器、电脑等成为消费热点。（2）医疗保健消费占比由3.1%上升到6.4%。（3）娱乐、教育、文化服务消费占比由9.4%上升至13.4%。（4）交通通信消费增长了163%，比重从5.2%上升到8.5%。每百户城镇居民家庭固定电话拥有率由39.6%增加至80.5%，移动电话和家用电脑实现了零的突破，分别达到19.5部和9.7台。（5）城镇居民假日消费和旅游消费的比重开始增加，2000年城镇居民旅游人数达到3.29亿人次，人均旅游花费679元，比1995年增长了146.3%。

第三阶段，发展、享受型和精神层面的消费支出比重上升阶段（2001—2019年）。这一时期由于经济快速发展以及我国加入WTO后相关产业政策的开放，使得人们消费能力大大提升，市场也有更丰富的商品可供消费。2001年以来，城镇居民消费结构经历了第三次转变，以住房、汽车、旅游、文娱、通信及数码电子消费品等为代表的第三次消费升级逐步展开，吃穿类等

① 朱惠莉：《中国居民消费结构波动周期实证研究：1979—2014》，《东南学术》2016年第1期。

刚性消费需求比重进一步降低。此阶段城镇居民新一轮消费结构升级主要表现为:(1)自2000年以来我国私人汽车拥有量保持着年均25%的增长速度,在汽车及其配套服务上的消费比重也在不断上升。(2)由于中国几千年来的乡土文明,自古以来就有安土重迁的传统文化,因此也决定了中国与世界上其他国家相比特殊的消费文化——买房置地——住房消费仍是消费结构升级的重点。2000—2018年,中国城镇居民人均住房建筑面积由20.3平方米增长至39平方米。同时,在住房以及与住房相关的建材、装饰、家居等领域的消费水平也得到了明显的提高。(3)伴随着数字化技术的完善,手机、电脑等数码产品更新换代,电子产品已成为人们不可或缺的消费品,人们的消费方式逐渐发生了改变,通信与信息消费持续增长,网络消费成为新潮。

第四阶段,消费结构逐步定型但经历外部冲击的阶段(2020年至今)。随着技术进步和4G网络的普及,手机消费从耐用品变为快消品;家电市场处于饱和,居民家庭耐用消费品以更新换代为主,这一阶段消费品市场基本实现了第三次消费结构升级,经济增速放缓,城镇居民消费结构基本定型。但是2020年春季暴发的新冠疫情,这一外部冲击的发生使中国居民的消费结构发生了一定的变化,疫情之下消费新形势正在形成。新冠疫情暴发后,全国各地严密的防疫隔离措施,造成了全民皆“宅”的局面,极大拉低了春节期间原本旺盛的总体消费水平。2020年一季度,全国人民消费水平明显下降。例如全国城镇居民人均消费支出6478元,比上年同期名义下降9.5%。其中,城镇居民各类别消费发生的变化如表3-1所示。

表3-1　2020年一季度城镇居民消费数据

指标	绝对量(元)	比2019年名义增长(%)
人均消费总支出	6478	-9.5

续表

指标	绝对量(元)	比 2019 年名义增长(%)
食品烟酒	2111	-1.1
衣着	481	-20.2
居住	1667	2.3
生活用品及服务	357	-12.5
交通通信	746	-19.4
教育文化娱乐	471	-33.3
医疗保健	494	-11.0
其他用品及服务	151	-24.5

疫情之下,居民消费结构呈现出新的特点(见图 3-4)。城镇居民消费结构的变化主要体现在:

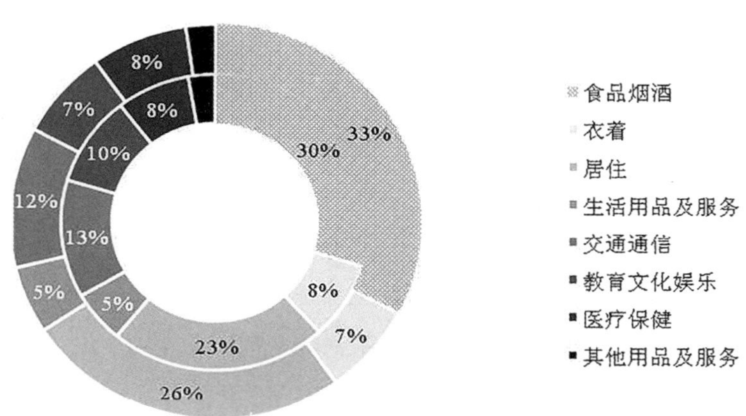

图 3-4　2019 年一季度与 2020 年一季度消费结构对比

注:内圈表示 2019 年数据,外圈为 2020 年数据。
数据来源:国家统计局。

第一,食品烟酒消费上升,住房消费上升。食品烟酒的占比上升了 3%,居住支出的占比上升了 3%。这与疫情期间全国各地严密的防疫隔离措施密不可分。人们普遍减少出行甚至不出行,因此减少了服装消费和交通通信消费。原本应该是旅游旺季的春节,在疫情影响下,全国节后累计发送旅客量仅为去年春运同期的约六分之一,居民娱乐支出经历大幅下降。全民皆“宅”的同时,人们的食品烟酒消费上升,住房消费上升。

第二,交通通信、文化娱乐等第三产业产品消费骤降。交通通信和教育文化娱乐的占比分别下降了1%和3%。由于疫情防控需要,居民普遍减少出门旅游,相应的交通费用随之减少。减少聚会导致社交开销也随之下降。大型娱乐场所如影院和商场的暂时停业也直接影响到居民在娱乐方面的消费支出。

随着疫情逐步得到控制,中国正步入后疫情时代,新的消费结构正在调整构建。经过近半年的“外部冲击”后,中国城镇居民的消费观念与消费习惯也随之发生了改变。首先是居民的消费观念。疫情的暴发对居民造成的客观约束和内在心理压力,同时影响到居民的消费观念。居民可能普遍会因为突如其来的疫情,储蓄动机增强,行为上表现为增加储蓄和降低消费,以此预防未来意外的发生,增强抵御风险的能力。人们的消费观念有可能会因为此次疫情从感性消费转变为稍偏向理性的消费。据中国经济网上发布的中国人民银行统计报告,2020 年前 4 个月,人民币各项存款增加 9. 34 万亿元,同比多增 2. 77 万亿元。存款主要流向实体经济,住户和非金融企业新增存款 8. 7 万亿元,占新增各项存款的 93. 2%。其中,住户存款增加 5. 67 万亿元,同比多增 2265 亿元。其次是居民消费习惯的改变。此次大规模疫情的暴发,将网络消费推向了一个更加深入的发展阶段。根据 2020 年 3 月 GFK 发布的新闻,他们研究表示超过 40%的消费者更加频繁地使用线上购物,使得网上购物和送货上门的需求量激增,越来越多的消费者也首次通过第三方 APP、品牌官方网站和微信社群等平台进行购物。居民更加依赖电商购物。此次疫情由于影响到居民的出行,因此电商平台关于保障居民基本生活的服务项目增多，平日里需要去超市和菜场购买的日常食物和用品都可通过平台购买和送达，大大减小了居民外出感染的风险。同时由于网络购物的便利性，居民会产生惯性消费和依赖心理，即使在疫情结束以后，网络消费水平也不会因为管控结束而发生明显下降。在后疫情时代，随着互联网科学技术的进一步发展，网络消费将成为一种常态化的消费方式。

（五）城乡消费差距先扩大后减小

我国城乡消费差距先扩大后减小，农村消费更具黏性。

受我国城乡二元经济特征影响，我国城镇和农村居民消费能力存在较大差距（见图 3-5）。从时间维度上看，城镇居民消费水平从 1978 年的 387 元/年增长到 2018 年的 33308 元/年，农村居民消费水平从 1978 年的 138

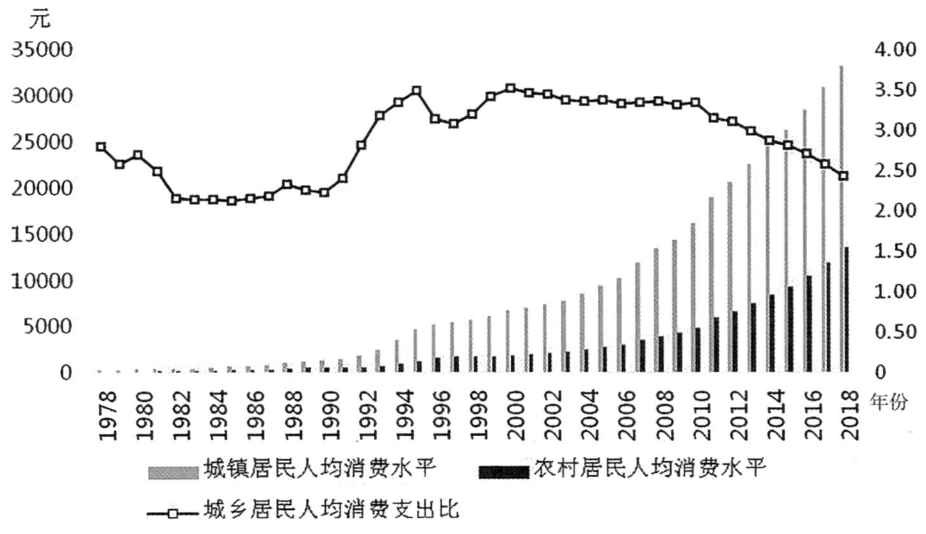

图 3-5　中国城乡居民家庭人均消费（1978—2018 年）

数据来源：国家统计局。

元/年增长到2018年的13689元/年。更进一步,城乡居民家庭人均消费支出之比基本维持在2.0—3.5,城乡消费差距从总体水平上呈现先扩大后缩小的态势。城乡消费差距在改革开放之初有缩小的趋势,但是从1990年经济高速增长开始,城乡消费差距明显拉大,在2000年达到极大值3.53,此后呈现缓慢下降的趋势,在2008年金融危机之后城乡消费支出之比下降的速度加快,于2018年缩小至2.43。

进一步考察产出增速与城乡人均消费增速之间的关系,发现两者的变动大致具有一定的协同性——人均消费与产出是同步增长的。城镇居民家庭人均消费从1978年的387元/年增长到2018年的33308元/年,年均增幅11.78%;农村居民消费从1978年的138元/年增长到2018年的13689元/年,年均增幅12.18%,与同期人均GDP增长率12%左右基本同步(见图3-6)。

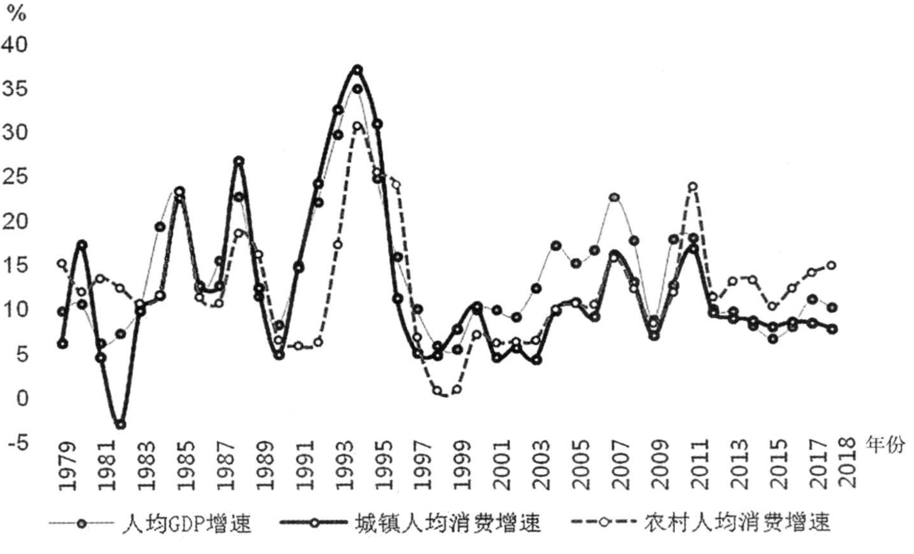

图3-6 中国城镇人均消费增速以及人均GDP增速与农村人均消费增速比较(1979—2018年)

数据来源:国家统计局。

在经济增幅明显上升的年份，城镇和农村的消费增速的增长均慢于产出的增长，尤其表现在2000年到2008年国际金融危机爆发以前；而在经济增幅下降的年份，城镇人均消费增幅普遍高于产出增幅，而农村人均消费增幅则普遍低于产出增幅，消费增长的变化普遍滞后于经济增长的变化，可见消费的变动具有一定的黏性，农村居民的消费黏性高于城镇居民，尤其表现在经济增幅从1988年、1994年和2011年三个峰值开始下降的年份。

（六）区域消费差异先扩大后减小

我国城镇居民消费因地域差异而产生的收入状况、政策因素、生活习俗、传统文化因素等差异致使各省份的消费有所差异。理论上讲，经济发展程度越高，人均收入和消费支出也会越高。而我国是一个地区经济发展不平衡的国家，消费在不同地区的特征存在明显差异，特别是在经济发展水平比较高的东部地区和经济发展水平比较低的西部地区差异更大。事实上，在多年的发展实践中，由于追求经济的高速增长，改革开放后国家把主要的经济资源都投向了经济基础和资源禀赋更好的东部，从而造成原本各个方面基础都比较薄弱的西部地区的经济增长，长期以来并没有像东部地区那样快速地发展。即便是西部大开发战略实施以后，两地区经济发展状况还是有明显差距。客观上由于全国构成了由东到西经济层次依次下降的空间格局，因此居民消费支出的差异也呈现出空间梯度格局。

改革开放之初，全国城镇居民人均消费水平普遍较低，1990年全国城镇居民人均消费水平仅为801元。分省份进行分析，从表3-2可以看出，各个地区的消费水平差异不大，仅有北京、上海和天津三个直辖市的居民消费水平显著地高于其他省份：其中上海居民全年人均消费1908元，高于全国人均水平的两倍；北京居民全年人均消费1548元，基本相当于全国人均水平的两倍；而天津居民全年人均消费1310元，仅次于北京和上海。北京、上海和天津如此突出，很大程度上是因为这三个城市属于中国的经济、政治和文化中心，在改革开放之初全国经济资源有限的条件下，国家优先将资源投入这三个直辖市，使其“先富起来”。因此在全国经济水平和消费水平仍普遍较低的时候，北京、上海和天津的居民，相比于其他地区优先享受到了改革开放带来的红利，消费水平和生活水平显著地高于其他地区。除了这三个直辖市，辽宁、广东、黑龙江这三个省份的人均消费水平排在全国前列，分别为1074元、972元和918元。

表3-2　城镇居民消费水平前20名（1990年）

排序	省（区、市）	城镇居民人均消费支出（元）	排序	省（区、市）	城镇居民人均消费支出（元）
1	上海	1908	11	福建	837
2	北京	1548	12	青海	786
3	天津	1310	13	湖北	759
4	辽宁	1074	14	西藏	735
5	广东	972	15	海南	708
6	黑龙江	918	16	内蒙古	703
7	浙江	912	17	山东	681
8	新疆	904	18	湖南	666
9	吉林	882	19	河北	664
10	江苏	841	20	江西	652

1992年邓小平南方谈话至2002年，随着进一步解放思想，开启了新一轮经济建设的高潮。在这段时间国家把主要的经济资源都投向了经济基础和资源禀赋更好的沿海东部地区。从1990年到2000年，中国居民消费水平经历了较快的增长，全国城镇居民人均消费水平由1990年801元增长到2000年的5034元。从表3-3可以看出，在经济增速与消费增速加快的年份，地区差异开始扩大。随着进一步改革开放，以广东、浙江和福建为代表的东部沿海地区开始崛起，颇有赶“北”超“上”之势。2000年，上海以8868

元的人均消费水平稳占鳌头，而北京以 8493 的人均消费水平紧随其后。与 1990 年不同的是，广东和浙江打败了曾经的“巨头”天津，占领了第三和第四的位置，人均消费水平分别是 8017 元与 7020 元，其居民生活水平基本与上海、北京（全国的经济、政治文化中心）持平。这说明了以广东和浙江为代表的东部沿海地区，相比于其他地区优先分到了改革开放的“蛋糕”，人民生活水平有了显著的提升，而曾经的巨头——辽宁和黑龙江开始没落，分别为 4356 元和 3824 元，均未达到全国平均水平，黑龙江甚至跌落到了全国排名倒数第二的位置。

表 3-3　城镇居民消费水平前 20 名（2000 年）

排序	省（区、市）	城镇居民人均消费支出（元）	排序	省（区、市）	城镇居民人均消费支出（元）
1	上海	8868	11	云南	5185
2	北京	8493	12	山东	5022
3	广东	8017	13	四川	4856
4	浙江	7020	14	广西	4852
5	天津	6121	15	湖北	4645
6	福建	5639	16	新疆	4423
7	重庆	5570	17	辽宁	4356
8	西藏	5554	18	河北	4348
9	江苏	5323	19	贵州	4278
10	湖南	5219	20	陕西	4277

随着改革开放进一步深入，中国居民消费水平进一步实现了高增长，全国城镇居民人均消费水平由 2000 年的 5034 元增长到 2010 年的 12767 元。代表高消费的区域由东部沿海地区不断向西北方向内陆延伸，“东南高西北低”的自东到西不断下降的消费空间梯度格局已经形成。从表 3-4 可以

看出，上海、北京、广东和浙江的鳌头地位依旧不变，年度人均消费支出分别为23200元、19934元、18490元和17858元。相较于2000年，中部地区不断追赶东部沿海地区，人均消费支出的差异已经明显缩小，表明中部地区的居民也享受到了改革开放带来的经济红利，消费水平和生活水平与北京、上海和东部沿海地区的差距不断缩小。而2000年为促进地方协调发展，为“把东部沿海地区的剩余经济发展能力，用以提高西部地区的经济和社会发展水平、巩固国防”，中央强调实施西部大开发战略，加快中西部地区发展。但是经过十年的努力，从人均消费水平来看，西部地区经济发展状况与中部东部还是有明显差距。比如西藏和青海，人均消费支出仅为9600余元，处于倒数第一、第二名，消费水平仅为全国平均水平的75%左右，甚至仅相当于上海居民人均消费支出的40%左右，说明西部地区迫切需要加快改革开放和现代化建设步伐。

表3-4 城镇居民消费水平前20名（2010年）

排序	省（区、市）	城镇居民人均消费支出（元）	排序	省（区、市）	城镇居民人均消费支出（元）
1	上海	23200	11	山东	13118
2	北京	19934	12	四川	12105
3	广东	18490	13	湖南	11825
4	浙江	17858	14	陕西	11822
5	天津	16562	15	吉林	11679
6	福建	14750	16	安徽	11513
7	江苏	14357	17	广西	11490
8	内蒙古	13995	18	湖北	11451
9	重庆	13335	19	宁夏	11334
10	辽宁	13280	20	云南	11074

2010—2020年经济增速下降，全国城镇居民人均消费水平已经达到普遍较高的水平，国家更加关注区域平衡发展问题，国家大力扶持西部地区，西部地区居民的生活水平显著提升，东西部地区的消费水平和生活水平差距相较于2010年已经缩小。2020年，全国城镇居民人均消费支出由2010年的12767元增长到27007元。上海、北京、浙江、广东和天津是全国消费水平最高的地区，分别为44839元、41726元、36197元、33511元和30895元，广东等东部沿海地区原来有赶"北"超"上"之势，但现在东部沿海地区与上海、北京的差距日渐增大而西部地区与东部的差距日渐缩小（见表3-5）。

表3-5　城镇居民消费水平前20名（2020年）

排序	省（区、市）	城镇居民人均消费支出（元）	排序	省（区、市）	城镇居民人均消费支出（元）
1	上海	44839	11	四川	25133
2	北京	41726	12	西藏	24927
3	浙江	36197	13	辽宁	24849
4	广东	33511	14	甘肃	24615
5	天津	30895	15	云南	24569
6	江苏	30882	16	青海	24315
7	福建	30487	17	内蒙古	23888
8	山东	27291	18	海南	23560
9	湖南	26796	19	河北	23167
10	重庆	26464	20	新疆	22952

二、党的十八大以来拉动内需的相关政策

在市场经济体制不断完善的背景下,党的十八大以来我国出台了一系列刺激消费、拉动内需的政策,其核心是扩大居民消费需求,提升居民消费倾向。通过对党的十八大以来我国消费政策进行回顾(见表3-6),可以加深对消费在国民经济中的地位和作用的认识,帮助我们更好地理解不同的经济社会条件下消费政策的变化,为构建适应我国当前经济发展的、有中国特色的消费政策体系提供借鉴。

表3-6　党的十八大以来关于刺激消费的部分政策文件

时间	发布机构	文件名称	主要内容
2013.08	国务院	《国务院关于促进信息消费扩大内需的若干意见》	从五个方面提出了促进信息消费的主要任务。一是加快信息基础设施演进升级。二是增强信息产品供给能力。三是培育信息消费需求。四是提升公共服务信息化水平,促进公共信息资源共享和开发利用。五是加强信息消费环境建设
2014.10	国务院	《国务院关于加快发展体育产业促进体育消费的若干意见》	把体育产业作为绿色产业、朝阳产业进行扶持,强调向改革要动力,向市场要活力,力争到2025年,体育产业总规模超过5万亿元,成为推动经济社会持续发展的重要力量。明确了六方面任务:创新体制机制;培育多元市场主体;优化产业布局和结构,培育消费热点;促进体育与旅游、传媒、会展等业态融合发展;丰富市场供给

续表

时间	发布机构	文件名称	主要内容
2015.08	国务院	《国务院办公厅关于进一步促进旅游投资和消费的若干意见》	部署改革创新促进旅游投资和消费工作。提出六个方面的26条具体措施:实施旅游基础设施提升计划,改善旅游消费环境;实施旅游投资促进计划,新辟旅游消费市场;实施旅游消费促进计划,培育新的消费热点;实施乡村旅游提升计划,开拓旅游消费空间;优化休假安排,激发旅游消费需求;加大改革创新力度,促进旅游投资消费持续增长
2015.11	国务院	《关于积极发挥新消费引领作用加快培育形成新供给新动力的指导意见》	全面部署以消费升级引领产业升级,以制度创新、技术创新、产品创新增加新供给,满足创造新消费,形成新动力。提出四个方面具体措施:加快推进重点领域制度创新;全面改善优化消费环境;创新并扩大有效供给;优化政策支撑体系
2016.11	国务院	《国务院办公厅关于进一步扩大旅游文化体育健康养老教育培训等领域消费的意见》	部署进一步扩大国内消费特别是旅游文化体育健康养老教育培训等服务消费的政策措施。从三个方面提出了进一步扩大消费的政策措施:着力推进幸福产业服务消费提质扩容;大力促进传统实物消费扩大升级;持续优化消费市场环境
2017.08	国务院	《国务院关于进一步扩大和升级信息消费持续释放内需潜力的指导意见》	聚焦生活类、公共服务类、行业类及新型信息产品消费等重点领域,提出三方面政策措施,着力推进信息消费升级。提高信息消费供给水平。大力发展高端智能终端,丰富数字家庭产品,增加信息产品有效供给。扩大信息消费覆盖面。优化信息消费发展环境,坚持包容审慎监管,深入推进“放管服”改革
2018.09	中共中央、国务院	《关于完善促进消费体制机制,进一步激发居民消费潜力的若干意见》	围绕居民吃穿用住行和服务消费升级方向,突破深层次体制机制障碍,适应居民分层次多样性消费需求,保证基本消费经济、实惠、安全,培育中高端消费市场,形成若干发展势头良好、带动力强的消费新增长点。加快建立健全高层次、广覆盖、强约束的质量标准和消费后评价体系,强化消费领域企业和个人信用体系建设,提高消费者主体意识和维权能力,创建安全放心的消费环境

续表

时间	发布机构	文件名称	主要内容
2018.10	国务院	《完善促进消费体制机制实施方案(2018—2020年)》	旨在部署加快破解制约居民消费最直接、最突出、最迫切的体制机制障碍,进一步激发居民消费潜力。提出了2018—2020年实施的六项重点任务:进一步放宽服务消费领域市场准入;完善促进实物消费结构升级的政策体系;加快推进重点领域产品和服务标准建设;建立健全消费领域信用体系;优化促进居民消费的配套保障;加强消费宣传推介和信息引导
2019.08	国务院	《关于加快发展流通促进商业消费的意见》	围绕创新流通发展、培育消费热点、深化"放管服"改革、强化财税金融支持、优化市场流通环境五方面。其中释放汽车消费潜力,活跃夜间商业和市场等内容成为焦点
2019.08	国务院	《关于进一步激发文化和旅游消费潜力的意见》	旨在深化文化和旅游领域供给侧结构性改革,提升文化和旅游消费质量水平,不断激发文化和旅游消费潜力,以高质量文化和旅游供给增强人民群众的获得感、幸福感。提出了9项激发文化和旅游消费潜力的政策举措:推出消费惠民措施;提高消费便捷程度;提升入境旅游环境;推进消费试点示范;着力丰富产品供给;推动景区提质扩容;发展假日和夜间经济;促进产业融合发展;加强市场监管执法
2020.03	国家发改委、中宣部、财政部等23个部门	《关于促进消费扩容提质加快形成强大国内市场的实施意见》	围绕大力优化国内市场供给、重点推进文旅休闲消费提质升级、着力建设城乡融合消费网络、加快构建"智能"消费生态体系、持续提升居民消费能力、全面营造放心消费环境六方面,提出19条政策举措
2020.05	国家发改委、工业和信息化部、财政部等7个部门	《关于完善废旧家电回收处理体系 推动家电更新消费的实施方案》	重点围绕完善废旧家电回收处理体系、促进家电消费等工作进行部署。确定了完善回收处理体系、促进家电更新消费、组织开展典型推广、加大监管执法力度、提高行业管理水平五个方面13项重点任务,针对家电生产、消费、回收、处理全链条,从优网络、促更新、树典型、强监管、提水平等角度,提出了加大资金支持、优化动态管理机制、加强家电安全使用引导、培育行业先进典型等相关工作举措,完善废旧家电回收处理体系、促进家电更新消费,推动形成强大国内市场

续表

时间	发布机构	文件名称	主要内容
2020.07	国家发展改革委、中央网信办、工业和信息化部等13个部门	《关于支持新业态新模式健康发展激活消费市场带动扩大就业的意见》	提出积极探索线上服务新模式，激活消费新市场。加快推进产业数字化转型，壮大实体经济新动能。鼓励发展新个体经济，开辟消费和就业新空间。培育发展共享经济新业态，创造生产要素供给新方式
2020.09	国务院	《国务院办公厅关于以新业态新模式引领新型消费加快发展的意见》	提出四个方面15项政策措施。一是加力推动线上线下消费有机融合。二是加快新型消费基础设施和服务保障能力建设。三是优化新型消费发展环境。四是加大新型消费政策支持力度。预计到2025年，培育形成一批新型消费示范城市和领先企业，实物商品网上零售额占社会消费品零售总额比重显著提高，“互联网+服务”等消费新业态新模式得到普及并趋于成熟
2020.10	国家发改委、住房和城乡建设部等14部委	《近期扩内需促消费的工作方案》	从线上线下、创业就业、文化体育、餐饮旅游、城镇改造等多个角度，推出全方位扩大内需、促进消费的19条具体措施。重点在推动线下服务消费加速“触网”，充分释放线上经济潜力。在做好常态化疫情防控基础上，开辟服务消费新模式。实施促进实物消费政策，畅通供需更高水平良性循环。更好运用内外要素和资源，加大对制造业企业支持力度

三、结论与政策建议

消费是最终需求，是经济增长的持久动力。本文首先基于宏观经济历史数据，对中国改革开放以来的消费趋势、特征展开了详细的讨论，总结出中国居民消费六大特征，有助于进一步研究富有针对性的消费政策，释放消费潜能，重构中国消费新版图；随后梳理了党的十八大以来拉动内需的相关政策，通过对消费政策的回顾与比较，可以为构建适合中国国情的有中国特色的消费政策体系提供参考。通过分析可以得出以下几点结论：

1. 消费总量高速增长。我国居民消费实现了高速增长，总量大幅提升，消费的增长接近于经济增长的两倍，这反映了中国人民自改革开放以来消费能力明显提升，物质生活水平得到了极大的提高，但目前人均水平与发达国家差距悬殊。

2. 消费率长期较低。虽然中国经济与消费水平实现了高速增长，但是中国经济发展的成就与问题并存，居民最终消费对 GDP 增长的贡献长期较低。

3. 消费倾向持续下滑。城镇居民平均消费倾向逐年降低，与居民储蓄动机的高涨形成鲜明的反差。

4. 消费结构转型升级。改革开放后随着经济的持续高速发展和居民收入水平的不断提高，我国居民消费水平得到大幅度的提升，居民消费结构经历了从基本的物质型消费逐步向发展型和享受型生活消费的转变。

5. 城乡消费差距先扩大后减小。城乡消费差距在改革开放之初有缩小的趋势，但是从 1990 年经济高速增长开始，城乡消费差距明显拉大，在 2000 年达到峰值，此后呈现缓慢下降的趋势，在 2008 年金融危机之后城乡消费支出之比下降的速度加快。

6. 区域消费差异先扩大后减小。上海、北京稳居鳌头，东部沿海地区与西部地区的消费差距先随着 20 世纪 90 年代末期改革开放新一轮经济建设而拉大，后随着中央对中西部地区的扶持战略，东部沿海地区与上海、北京的差距日渐增大而西部地区与东部的差距日渐缩小。目前仍存在“东南高西北低”的自东到西不断下降的消费空间梯度格局。

7. 党中央、国务院高度重视刺激消费、扩大内需相关工作，党的十八大以来围绕发挥好消费的基础性作用，出台了一系列政策措施，着力挖掘和释放内需潜力。

本文的研究有以下两方面的启示。第一,我国消费率长期处于较低水平,与传统的依赖于投资和出口驱动的增长模式相关。其特点是:投资与消费结构失衡、内需与外需结构失衡,导致经济运行处于非均衡增长路径之上。改革开放以来的40多年里,中国凭借低廉的劳动力成本优势,当之无愧地成为“世界工厂”,但在“增长奇迹”背后也留下了隐藏的一系列问题:劳动者收入报酬偏低—购买力(消费力)不足—消费市场长期低迷—依靠投资、外贸驱动—投资回报率下降—环境污染、银行不良资产上升—结构性通货膨胀—资产价格泡沫化倾向加剧。① 缺乏消费支撑的过剩产能,无法被市场及时消化吸收,引发库存积压、通货紧缩,以及一轮又一轮通胀与通缩交替出现的经济波动。第二,城乡发展不平衡与区域发展不平衡。受我国城乡二元经济特征影响,我国城镇和农村居民消费水平仍存在较大差距。由于追求经济的高速增长,改革开放后国家把主要的经济资源都投向了经济基础和资源禀赋更好的东部,从而造成原本各个方面基础都比较薄弱的西部地区的经济增长,长期以来并没有像东部地区那样快速地发展。即便是西部大开发战略实施以后,两地区经济发展状况还是有明显差距。

因此,转变经济增长方式,提高居民最终消费率,通过消费驱动经济增长,让人民群众切实感受到经济社会发展带来的红利尤为重要。不仅如此,政府还应当促进区域协调发展,更加关注城乡与区域的居民消费平衡发展问题。随着经济社会条件的不断改变,应当顺应后疫情时代的居民消费升级趋势,加快完善促进消费体制机制,进一步改善消费环境,发挥消费基础性作用。

首先,国家发改委同有关部门,抓好方案落实工作,着力打通经济循环

① 李凌:《中国居民消费需求研究》,上海社会科学院出版社2016年版。

各环节堵点。加快推动形成以国内大循环为主体、国内国际双循环相互促进的新发展格局。

其次，在做好常态化疫情防控基础上，积极发展消费新业态、新模式。要支持餐饮、旅游等因疫情受创的行业的恢复发展，同时充分释放疫情期间“风靡”的线上经济的潜力，比如拓展互联网教育服务产品类型，对在线教育产品及服务制定标准，鼓励企业提供符合标准的市场化的优质在线课程资源；以线上线下融合扩大消费，加大对教育培训、医疗保健、养老服务、婴幼儿照护、文化娱乐、体育赛事等领域的数字化改造力度，积极发展共享消费、定制消费、体验消费和“智能+”服务消费……形成若干发展势头良好、带动力强的消费新增长点。

最后，为缩小城乡差距，实现区域平衡发展，应当进一步扶持农村消费。加快农村吃、穿、用、住、行等一般消费提质扩容，推动农村居民消费结构升级，鼓励和引导农村居民增加交通通信、文化娱乐、汽车等消费。推动电商开拓农村市场，鼓励和支持消费新业态、新模式向广大农村地区延伸覆盖。完善农村物流基础设施网络，有效降低农村流通成本。

（中国人民大学应用经济学院研究生朱梦舒参与本文撰写）

第四讲　中国国家发展计划/规划：改革认知及其启示

刘瑞

中国人民大学应用经济学院教授。曾任中国人民大学国民经济管理系主任，经济学院副院长，学院党委副书记。兼任中国宏观经济管理教育学会会长

中国自1952年开始实行五年计划/规划以来，到2021年已经先后编制和实施了十四个五年计划/规划。连续编制和实施国家中期发展规划，且时间跨度长达半个世纪，这种国家发展现象，世间罕见。更为重要的是，这种周期性的规划管理使一个世界经济弱国在短短的70余年中发展为世界经济第二大国，人均GDP从1952年的80美元增长到2020年的10000美元，实现了经济长期持续增长和社会经济发展长期稳定，堪称人类发展历史上的奇迹之一。

所谓国家发展规划，是一种按计划逐步实现选定的战略发展目标的系统工程，是一项需要大规模协调的集体管理行动。凡事预则立，不预则废。发展规划要取得成效，需要完成规划决策、方案起草和编制、审批和修改、推

进落实、监督和评估等一系列环节，需要有各个机构、社会各界、基层企事业机构和相关个人的广泛参与和密切配合，还需要规划机构的跨期管理。完成如此庞大和复杂的管理行动，其难度超越任何一项已知人类自我管理行动。因此在150年前，当社会主义经典作家们设想用社会计划实现国民经济按比例发展来克服资本主义经济的缺陷时，几乎没有人认为这个设想能够实现。在100年前，当第一个社会主义国家开始着手尝试建立计划经济体制来实施这项社会计划管理行动时，新古典主义经济学精英们认为它不可行。然而在大约50年的时间内，国家发展计划行动仍然在许多国家中得到推行并取得了成功。只是这种经济成功是在特定环境下取得的，在解决了这些国家发展落后问题的同时产生出制约继续发展的新问题，因此国家发展计划的成功是有限的。到20世纪90年代，一些国家如苏联和东欧各国所推行的计划经济管理归于失败，另一些国家如日本和韩国则主动放弃了市场经济规划管理。甚至，认为计划经济不可行的论断，一时间成了世纪“咒语”。

回过头来看过去，总不免有一种事后诸葛的感觉。但是对于我国计划/规划管理而言，从国民经济和社会发展计划到规划的转变，似乎也无法先验性地设定改革路径，因为我国的经济转型是在渐进过程中采取摸着石头过河的办法推进的。因而70多年来国家发展计划/规划也只能是实践与理论互动的结果：先是根据计划管理实践中暴露出来的弊端对维护这种管理模式的流行理论提出质疑，接着再修改计划理论并付诸计划实践，然后再根据计划实践修正计划理论。这样就逐步完成了国家发展计划/规划体系的转型。按照历史沿革与逻辑起始点，我国计划/规划管理的改革可以分成三个阶段：从1952年到1978年建立和实行社会主义计划经济的计划管理模式阶段；从1979年到1991年探索计划/规划改革的过渡阶段；从1992年到现在是建设社会主义市场经济的规划管理模式阶段。鉴于许多文献已经对第一个阶段的计划经济模式做了大量分析,因此本文主要集中回顾和分析后两个阶段的计划/规划的改革,合称改革开放时期,同时也兼顾第一阶段的做法,对改革前后的计划/规划模式的主要特点做出比较分析,形成较为一般性认识。

一、从指令性计划到指导性计划

自1978年党的十一届三中全会确定"一个中心,两个基本点"的基本路线开始,我国进入大规模的经济建设时期。然而,对于依据什么样的管理体制去推进我国经济建设,初期认识与后来的认识完全不同。当时大多数人的理论主张,还是坚持和恢复在20世纪50年代学习苏联经验而建立起来的计划管理体制,原因如下:第一,受苏联经济理论教条影响,认为计划经济是社会主义经济的基本特征,坚持计划经济就是坚持社会主义。第二,"文化大革命"期间,计划经济体制也遭到了严重破坏,当时就连主管计划管理工作的国家计委也一度被解散。"文化大革命"结束之后,拨乱反正的一个重要内容就是恢复在"文化大革命"之前已经定型的计划经济体制。因此在当时看来,坚持和完善计划经济不仅被认为在理论上是正确的,而且在实践上也很有必要。

所幸的是,改革开放初期的思想解放运动对这个僵化的想法形成了巨大冲击。经济理论界不再无视现实问题的存在,而是根据实践做出理论判断。其中一个重要共识开始形成,就是承认中国社会主义经济依然处于马克思主义经典作家所说的初级阶段,而在初级阶段就需要大力发展商品经济。那时并不给予市场经济合法的地位,继续把市场经济当作资本主义的基本特征予以否定。但是发展商品经济毕竟要建立和发展交换关系,而市场就是这种交换关系及其场合的总称。于是在这样的认识下,在坚持和完善计划经济的前提下,开始给予商品经济和市场越来越多的合法地位。

在这个阶段就如下两点问题形成了一些基本认识和看法:

1. 社会主义经济的计划性与商品性

当时的学术理论界一致认为,社会主义经济在公有制基础上实行计划经济,即承认社会主义经济是计划经济。但在社会主义经济的商品性问题上,分歧意见冲突较大。有的人认为社会主义经济仅仅是有商品经济的属性,而有的人则认为社会主义经济本身就是商品经济。①

1984 年党的十二届三中全会发表了我国经济转型的第一个里程碑式的文献《中共中央关于经济体制改革的决定》。当中提出:"就总体而言,我国实行的是计划经济,即有计划的商品经济而不是那种完全由市场调节的市场经济。"关于社会主义经济的计划性与商品性统一的问题开始在学术界达成共识:社会主义制度下存在着商品生产和商品交换;社会主义经济是具有商品关系的计划经济,或含有市场机制的计划经济;社会主义经济是计划经济和商品经济的统一。② 计划性与商品性都是社会主义经济的基本特征,不能只提其中的一个方面而偏废另一个方面。就当时的认识水平而言,还不能把市场经济当作是社会主义的东西。相反,在反对资产阶级精神污染以及"六四风波"以后的一段时期,市场经济仍然是资产阶级自由化的典型说法。承认社会主义的商品经济属性但是拒绝市场经济属性,是那个阶段的一种矛盾认知。

关于社会主义经济是有计划的商品经济的共识直接导致一个理论副产

① 吴敬琏:《计划经济还是市场经济》,中国经济出版社 1993 年版,第 135 页。

② 马洪:《继续深化计划管理体制改革》,《瞭望》1990 年第 18 期。

品：将计划从制度属性中解放出来，计划只是一种管理形式问题。[①] 计划与制度属性的脱钩，使得人们可以像对待技术手段和管理方法那样去看待计划，不再被意识形态观念束缚实践。由此产生了许多新的理论探索，就是从管理国民经济运行的角度看待计划的管理功效。

2. 计划与市场的结合形式

当时的理论界对社会主义经济的计划性和商品性无论持何种态度和立场，都几乎一致地认为计划和市场这两种调节手段应该结合起来，共同作用于社会主义经济。然而对于计划与市场结合的具体形式，则有各种不同的观点，主要包括板块式结合论、渗透式结合论、胶体式结合论、宏观微观结合论、"二次调节论"、计划与市场主辅论等。

板块式结合论主张将国民经济按部门或按产品划分为不同的部分，其中的一部分由计划调节，另一部分则由市场调节。比如，可以按照部门或产品的重要性，对于关系国计民生的重要产品，必须实行计划调节，由国家统一计划生产、统一规定价格、统一进行产品的分配。而对于其他产品，则可以实行市场调节的方式。[②] 但是也有人认为，"板块式结合"是计划与市场结合的初级形式。由于国民经济是一个整体，计划与市场都是对统一的国民经济整体进行调节的手段，计划调节要利用价值规律，市场调节也要以计划来保证其调节的方向性。因此，计划与市场密不可分、相互渗透共同作用于经济过程。[③] 这种方式被称为渗透式结合形式。

胶体式结合论是计划与市场在"渗透式结合"形式上向前发展的一种认识。它是指计划与市场相互渗透，你中有我，我中有你，二者达到高度融合时所形成的"胶着式结合的统一体"。整个国民经济不再分为两块，计划

① 刘国光：《重要的是尊重价值规律》，《求是》1990 年第 12 期。
② 北方十三所高校：《政治经济学（社会主义部分）》，陕西人民出版社 1979 年版。
③ 王亚文等：《比较计划理论、体制和方法》，上海社会科学院出版社 1991 年版，第 37 页。

机制和市场机制胶合成一体，在统一的国家计划指导下发挥市场机制的作用。①

也有人从社会主义经济调节机制角度认为：虽然在制度层次上要强调计划经济是制度特征，但在运行层次上，计划与市场两者都是有效配置资源的手段，没有主次之分。可以根据经济发展的具体情况，或者是以计划调节为主，或者是以市场调节为主。宏观微观结合论认为社会主义初级阶段最理想的经济模式，是通过国家计划把宏观控制搞好，通过市场调节把微观经济搞活，即计划主要是在整体的宏观调控、总量控制、结构调整、经济布局等方面发挥作用；市场主要是在微观经济领域、日常生产经营活动等方面发挥作用。② 与此相近的观点是“二次调节论”，认为应当把社会经济活动都先交给市场，进行第一次调节，如果市场调节的结果符合社会经济发展目标，政府就不要进行干预；如果不符合社会经济发展目标，政府再进行第二次调节。第二次调节可以是后发制人，即事后调节；也可以是先发制人，即事前调节。应当把计划调节和市场调节看成是两个不同层次的调节，第二次调节是高层次调节，而第一次调节则是低层次的调节。③

在这个阶段一个主流认识是计划与市场的主辅论。由于对“计划经济与市场调节相结合”的理解不一致，在计划与市场的主辅问题上，有以下三种观点：其一，计划调节为主，市场调节为辅。这种观点源于计划经济制度论，认为我国的经济基础决定了经济运行只能是以计划为主，就像资本主义

① 《刘国光选集》，山西人民出版社 1986 年版，第 320 页。

② 魏礼群等：《社会主义市场经济与计划模式改革》，中国计划出版社 1994 年版，第 12 页。

③ 厉以宁：《我的市场经济观》，江苏人民出版社 1993 年版，第 97 页。

国家的经济基础所决定的经济运行机制只能是以市场为主一样。[①] 其二,计划调节和市场调节不分主次、平分秋色。从计划调节是有市场机制的计划调节,市场调节则是有计划指导的市场调节出发,来说明计划与市场的平等性。[②] 其三,无论计划或市场谁为主还是谁为辅,都是随时间、空间和条件而变化的。认为计划经济和市场调节相结合并不意味着二者在社会经济生活的一切方面都平分秋色,也不意味着在各个方面和各种情况下都始终以某一种调节手段为主,二者作用的孰强孰弱是以时间、空间和调节对象的不同而不同的。[③]

理论认识的转变,产生了对国家计划管理实践的大胆探索。如基建计划项目“拨改贷”;指导性计划;中心城市和大型国有企业集团计划单列等。其中,1984 年 10 月 4 日,国务院批准国家计委《关于改进计划体制的若干暂行规定》(以下简称《暂行规定》)具有标志性意义,因为按照这个规定,我国国家计划管理体系第一次被分成指令性计划与指导性计划两部分。

长期以来,国家计划机构采用行政办法,在部门、地方、企业之间配置资源。指令性计划几乎包揽了国民经济的一切方面。从纵向看,它从中央计划部门开始,经过部门和地区的计划机构,一直到各个企业,它们生产什么、生产多少、为谁生产,均由计划部门指令性决定。从横向来看,它包揽了大量的生产、分配、流通和消费活动等环节,限制或替代了市场的调节作用。在这一阶段,国民经济计划主要有以下特点:计划是配置资源的基本方式,国民经济计划直接管到企业,国民经济计划以实物管理为主,计划的基本形式是指令性计划。

---

① 刘国光等:《不宽松的现实和宽松的实现》,上海人民出版社 1991 年版,第 560 页。

② 宋涛:《论计划经济与市场调节相结合》,《中洲学刊》1991 年第 6 期。

③ 马洪:《继续深化计划管理体制改革》,《瞭望》1990 年第 18 期。

然而,“30 多年来的实践证明,把计划经济理解为仅仅是指令性计划经济,是片面的。我们不可能也不必要对所有的经济活动,都采用指令性计划的办法来管理。除了关系国计民生的重要经济活动需要指令性计划经济以外,对大量的一般经济活动,应实行指导性计划……对指导性计划,国家主要通过运用经济调节手段促其实现”①。为此,《暂行规定》提出了 12 条改革措施,其中最核心的是提出了缩小指令性计划范围,扩大指导性计划范围。

指导性计划被认为“是对计划执行单位的经济活动提出指导性意见,并主要运用经济杠杆保证其实现的计划”②,因此设计的思路就是:(1)国家或主管部门继续下达相关计划指标,但是只供企业参考,不具有强制性;(2)国家运用价格、税收、信贷等经济杠杆来促使指导性计划指标的实现;(3)指导性计划涉及的行业和产品范围比较广泛,但是不包括关键性的行业和产品。指导性计划一度被认为是我国计划管理的主要形式。以当时的国家计委所管理的工业产品为例,1980 年时指令性指标是 120 个,无指导性指标;到 1992 年时,指令性指标减到 59 个,而指导性指标达到 61 个,指导性指标总数超过指令性指标。相应地,指令性指标控制的工业总产值比重也由 40%急剧下降到 11.7%(见表 4-1)。

表 4-1　国家计委管理的工业指令性计划产品情况

年份	产品品种(种)	占全国工业生产总产值比重(%)
1980	120	40
1985	60	20

① 国家计委体制改革和法规司:《十年计划体制改革概览》,中国计划出版社 1989 年版,第 187 页。

② 魏礼群、韩志国:《计划体制改革问题论争》,光明日报出版社 1984 年版,第 128 页。

续表

年份	产品品种(种)	占全国工业生产总产值比重(%)
1992	59	11.7
1993	36	6.8
1994	33	4.5

资料来源:魏礼群等:《社会主义市场经济与计划模式改革》,中国计划出版社 1994 年版,第 292 页。

但对指导性计划的性质是属于计划调节还是市场调节,在理论上一直存在分歧,实践上也不易把握。一种观点认为,指导性计划属于计划调节的范围,指导性计划是主要通过运用市场机制来实现的一种计划形式,但它不是市场调节。① 另一种观点认为,既然指导性计划对基层计划单位不具有约束力,它只是利用经济杠杆来进行调节,以改变经济运行的大环境,间接地对微观主体的行为产生影响,因而,指导性计划在本质上属于市场调节。②

从实践上看,指导性计划存在许多实际操作问题:其一,指导性计划强调了非强制性。因而对长期习惯了计划强制性的企事业单位来说,一下子从计划的行政束缚之中解放出来,对本意是引导企事业发展的指导性计划表示出轻视态度,指导性计划就变成了可有可无的东西。其二,指导性计划指标只是从原来的指令性计划指标中划分出一部分来。其编制和实施程序仍然沿用指令性计划指标下达,可是又规定了其指标不具有约束性,因此谁来对指导性计划承担实施责任就成了问题。其三,指导性计划强调运用经济杠杆。势必与其他宏观调控部门如银行、财政、税收、价格等部门发生联系,计划的协调难度增加了,但是成效并不相应增加。其四,一些引起领导重视的计划指标,并没有因为是指导性计划指标而放松,这导致指导性计划

① 《刘国光选集》,山西人民出版社 1986 年版,第 354 页。

② 李铁军:《关于指导性计划问题的一些观点简介》,《宏观经济管理》1985 年第 2 期。

事实上还是指令性计划。①

指导性计划是我国在改革开放初期力图改革传统的计划经济体制而做出的一次有益尝试。在理论上,它是关于计划与市场相互结合认识的体现;在实践上,它突破了计划经济只有指令性计划管理单一形式的格局。但是指导性计划的局限也是比较明显的:第一,它依然是在保持计划经济体制基本不变的框架下设计出来的。由于强调它是计划管理的一种形式,尽管是主要形式,所以过去指令性计划留下的痕迹依然非常明显。这致使它在实践中因为坚持其计划属性而与指令性计划没有多少差别。第二,对计划指导性属性的理解过于狭窄导致指导性计划实践进入误区。关于计划指导性的认识部分地来自国外计划管理的某些成功经验,例如法国指导性计划实践、韩国政策性计划实践。因为这些市场经济国家的计划注重计划对市场和企业的引导作用,从而获得了较好的计划效应。但是,这些国家的计划管理实践有一个共同点,就是基本上不存在像我国那样的指令性计划。所以,在设计我国的指导性计划时,中央计划管理机构力图在计划管理中分成两个部分:一部分是指令性的,另一部分是指导性的。这种在一个计划体系中人为分成两种不同的运行机制、方式的做法,不仅加大了体系统一体协调难度,也产生出此前两种运行方式所没有遇到的新问题。关于国家计划总体上是指导性的认识,与强行将计划管理分成两个平行部分的做法产生了冲突。这使得指导性计划要么倾向指令性,要么倾向市场调节。于是,指导性计划的改革实践陷入一种困境,而打破这个困境的是第二次计划管理改革的实践与理论互动。这个互动的结果使得国家发展计划的指导性属性得到真正的落实。

① 吕汝良等:《关于指导性计划的调查报告(内部调研报告)》,1992 年 4 月。

二、从计划管理到宏观调控

由于长期以来对马克思主义经典著作的教条主义式学习和拘泥于对苏联计划经济模式的信奉,大多数人都不能超越计划经济体制去认识社会主义经济本质,这使得我国计划管理体制改革一度陷入停滞不前的困境。打破这个困境的是我国改革开放总设计师邓小平同志。早在改革开放的第一阶段中期(1987 年),邓小平在内部一次小范围谈话中就提出了"市场经济不等于资本主义,计划经济不等于社会主义"的"两个不等式"观点[①],这已经跨越了历史的局限性。五年后,他在 1992 年的南方谈话中再次重述了著名的"两个不等式"论断,打破了人们思想上的禁锢,使我们对计划与市场关系的认识产生了新的飞跃。

自此以后,学术理论界关于计划的认识逐步集中到如下方面:

1. 对"计划经济"与"市场经济"的认识

中共十四大以后,一般不再将"计划经济"、"市场经济"同社会基本制度等同起来,而认为它们是反映资源配置方式和经济运行方式的中性概念。无论是资本主义还是社会主义,都可以利用计划经济与市场经济两种手段来配置资源。

对"计划经济",存在广义和狭义的理解。其中狭义的理解认为,"计划经济"是指依靠行政手段配置资源的经济,是由中央计划部门通过各级计划、专业管理部门,用指令性指标安排经济活动的资源配置方式,即西方学

① 《邓小平文选》第三卷,人民出版社 1993 年版,第 203 页。

术界所称的“命令经济”；而广义的理解认为，“计划经济”是一种以指令性计划的行政命令和指导性计划的经济调节手段对经济进行调控的社会经济运行方式。二者区别在于计划经济本身是否只是依靠单纯的行政手段管理国民经济。

对“市场经济”的理解，一般认为，市场经济是以市场机制为基础调节资源配置的经济交换形式。同样也有狭义和广义的理解。一种理解认为，市场经济就是纯粹依靠趋利避害的逐利最大化实现资源最优配置的经济体，其中经济人主观利己客观利他行为、产权私有、预算硬约束是基本要素；另一种理解认为，现代社会化大生产条件下的市场经济，不是自由放任的自由市场经济，而是由国家调控和管理的市场经济。纯粹自由自发的市场经济并不存在。

2. 社会主义市场经济体制中存在计划管理的必要性

尽管市场具有积极作用，但也认为市场有其不能克服的局限性，例如，重视自身利益，忽视社会利益；生产经营的盲目性；收入过分悬殊；商品拜物教等。因此需要用计划引导和宏观调控来纠正其偏差。计划与市场各有所长，各有所短，片面追求完全的计划经济和完全的市场经济都是不切实际的。应扬长避短，摸索出一条适合中国国情的，既能保证高效率的市场经营水平，又能保证为多数人所满意的社会公平的经济体制。

3. 计划与市场的结合关系

这一阶段对于计划和市场的结合，有以下观点：其一，内在统一或有机结合论。① 认为坚持计划与市场的内在统一或有机结合，在于通过计划市场化、市场计划化，取两者之长、补两者之短，相互之间须臾不可离；计划反映市场、以市场为基础，认为在社会主义市场经济条件下，计划管理必须以

① 魏礼群等：《社会主义市场经济与计划模式改革》，中国计划出版社 1994 年版，第 35 页。

市场机制为基础,实行市场本位的一元调节,计划的职能就不再是取代市场而是面向市场、反映市场、引导和调控市场,计划必须在科学预测宏观经济环境和市场供求变化趋势的基础上制订;计划作用于宏观经济、市场作用于微观经济,认为以市场作为配置资源的基础方式,主要是对企业,对微观经济的运行而言,因为企业是国民经济的基础,企业的生产经营活动应由市场调节,由市场作为企业间资源配置的主要方式,而国家的宏观调控包括计划调节,主要是对宏观经济大的方面、比例关系、产业结构、生产力布局、重大项目等进行调节,以及对市场偏差的调节和协调。① 其二,计划与市场无主辅、无优劣的功能型互补性结合论。认为有计划的活动也可能产生消极的、不确定的后果,可称之为有计划的盲目性;而无计划的自发活动也可能产生出积极的、令人满意的后果,称之为无计划的计划性。因此,计划和市场的结合是一种无所谓主次之分的功能型结合,是一种无所谓优劣之分的互补性结合。计划与市场的结合是对所谓不确定性的一种科学的正视。

4. 宏观调控逐渐成为新体制下的核心命题

尽管宏观调控概念早在改革开放的第一阶段就已提出②,但是在实际部门和理论界全力关注计划与市场关系讨论时,宏观调控还不是一个热门话题。然而,随着社会主义市场经济体制目标的正式确立,原来关于市场与计划关系讨论的眼界就显得狭窄了。有关宏观调控的讨论热度和起伏从论文发表数据可见一斑(见表 4-2)。表中显示,我国关于宏观调控的讨论有两个高潮,第一次是在 1994—1996 年间,这是确定社会主义市场经济体制之后第一次讨论高潮。这个高潮主要关注在计划管理淡化之后,国家如何

---

① 钟朋荣:《中国:通向市场经济之路》,江苏人民出版社 1993 年版,第 435 页。

② 刘瑞:《宏观调控的定位、依据、主客体关系及法理基础》,《经济理论与经济管理》2006 年第 5 期。

防止经济失衡,宏观调控如何与市场经济结合。第二个高潮是 2004—2005 年,这个高潮开始深入探讨如何提高宏观调控的科学性和艺术性。宏观调控与市场经济的结合问题已经不再是一个话题。换言之,宏观调控被认为已经取代了国家计划管理的主导地位。

表 4-2　清华同方期刊数据网标题含"宏观调控"和"宏观经济调控"的文章数目

年份	1986	1987	1988	1989	1990	1991	1992	1993	1994	1995
篇数	1	2	9	33	29	33	33	133	986	647
年份	1996	1997	1998	1999	2000	2001	2002	2003	2004	2005
篇数	519	370	290	274	196	164	165	159	815	555

数据来源:清华同方期刊数据网全文数据库。

放眼看世界,在所有的市场经济国家,计划管理或许是一些国家的主要管理方式,但是其他大多数国家普遍存在的是宏观经济政策管理模式。因而,在中共十四大以后的学术讨论中,明显地出现了有关宏观调控的话题。一开始,还是把"宏观调控"作为广义的"计划管理"来理解,以区别于狭义的"指令性计划"。但是人们渐渐地发现,宏观调控是广义于计划管理的命题。宏观调控不仅涵盖计划,更为重要的是还包含了过去政府管理所不重视的内容:财政政策、金融政策、土地政策,等等。同时,宏观调控需要间接化,手段多样化、体系化。传统的、以行政指令性计划为主的直接管理必须根本转变,代之以通过制定经济政策,运用各种经济杠杆为主,辅之以法律手段和必要的行政手段的间接调控体系。在设计指导性计划时,已经提出了要借助经济手段、经济杠杆即宏观经济政策来实现计划目标,但是思路依然没有脱离计划框架。现在社会主义市场经济条件下,如何建立和完善一个集计划和政策于一体的宏观调控体系,就显得更为必要了。这样在改革第一阶段讨论的指导性计划命题基础上,宏观调控命题成为改革第二阶段讨论的主题。计划与市场关系的命题被宏观调控与市场关系命题所替代。这一转变实际标志着我国社会主义市场经济体制的形成,标志着关于社会主义市场经济实践与理论互动进入一个新的阶段。

这种变化集中在编制第九个国民经济和社会发展五年计划时期。当时的政府主要领导人提出市场经济条件下的国家计划不同于计划经济时期,要着力体现国家计划的宏观性、战略性和政策性。① 提出计划要体现发展社会主义市场经济的要求,“要注重市场在国家宏观调控下对资源配置的基础性作用,突出国家计划的宏观性、战略性和政策性,发挥社会主义能够集中力量办大事的优势。计划指标总体上是预测性、指导性的,着重提出经济、社会发展的方向、任务以及相应的发展战略和措施,提出反映经济社会发展和结构变化的总量指标,以及若干具有全局意义的重大项目,其他一些指标和项目在今后的年度计划中安排”②。这种重大的计划理念和性质转变实际上已经为后来计划变规划奠定了基础。

这样,有关社会主义市场经济条件下的国家计划特征及其基调就设计完成了:第一,国家计划总体上是指导性的。要求中长期计划是粗线条的(不求详尽)、有弹性的(目标是一个容许浮动的区间)计划。详尽和具体特点在年度计划中反映。这就与计划经济的国家计划总体上是指令性的、强制性的有了根本性区别。第二,国家计划是宏观性的。计划在内容方面突出把握宏观大局,在实施计划方面突出依托宏观经济手段,在目标确定和政策选择方面突出国家的全局利益。这就与计划经济的国家计划事无巨细、指标分解到微观主体、计划细化到微观领域相区别。第三,国家计划是战略性的。计划要与战略保持统一,编制中长期计划实际上就是制定发展战略,

---

① 《李鹏经济日记》(中),新华出版社 2007 年版,第 1206 页。

② 《关于国民经济和社会发展“九五”计划和 2010 年远景目标纲要的报告》,人民出版社 1996 年版,第 17—18 页。

年度计划不过是中长期发展计划或发展战略的具体化。这就与计划经济体制的国家计划与发展战略相互脱节有了区别。第四,国家计划是政策性的。计划要与政策保持协调,各项政策不仅是保障计划目标实现的手段,同时在编制计划时也要把制定政策同时考虑进来。这就与计划经济的国家计划与宏观经济政策相互脱节有所区别。满足了这些基本特征要求,国家发展计划就能转型为国家发展规划。

由于从“九五”计划时期开始就努力实现从计划经济体制向市场经济体制的转型,经过“十五”计划时期,国家计划的性质越来越变成市场经济的规划,所以到“十一五”规划时期,中长期计划就更名为中长期规划,从形式上完成了从计划经济的计划向市场经济的规划的过渡。与此同时,主管计划管理的机构也逐步实现了计划委员会(1998 年以前)→发展计划委员会(2003 年以前)→发展与改革委员会(2003 年以来)的过渡。目前只有年度计划和个别领域、区域沿用计划一词。在中文中,第一次有了必要对“规划”和“计划”加以区别,而这在英文中是不需要刻意加以区分的。这反映出中国特色社会主义市场经济的一个重要特点。

三、规划体制与计划体制的不同

从国家计划/规划管理成效来看,中国堪称规划大国和世界规划集大成者。从 1953 年开始到 2021 年为止,我国总共编制和实施了十四个国家总体性质的五年期发展计划/规划,以及超过 50 年的年度发展计划,难以计数的国家专项计划/规划和从省级直到市县级的各类计划/规划。管理行动贯穿在我国社会主义经济建设各个时期。但在改革开放之前,我国实行指令性计划管理,在改革开放之后一度试行指导性计划管理,最终实行市场经济的国家规划管理。不同形式的计划/规划所起的作用是不同的,成效也有很大差异。在计划经济体制时期,五年中期计划是主要形式,但是分钱分物的是年度计划。改行市场经济体制之后,年度计划仍然还要编制,但是因为大政方针已在中期规划中规定了,所以年度计划主要发挥行动方案的作用。五年中期规划成为国家治理的重要手段。对比两个不同体制时期的计划/规划实施及成效,明显的差异体现在以下方面。

两种体制下的管理思路是不同的。计划经济体制下的计划管理比较冒进,市场经济体制下的规划行为比较谨慎。在计划经济时期,除"一五"计划外,多数中期计划完不成,因为追求高指标和高速度,欲速则不达;在市场经济时期,多数五年规划如期完成或超额完成,因为规划不再追求高指标和高速度,而是实事求是、量力而行。

两种体制下的管理内容是不同的。过去的中期计划内容主要围绕经济发展。从第六个五年计划起,确立经济与社会保持协调理念,计划名称改为国民经济和社会发展计划,社会发展成为重要内容之一。到第十一个五年规划,全面贯彻科学发展观理念,生态环境保护成为规划重要内容之一。从"十三五"规划开始,确立创新、协调、绿色、开放和共享等新发展理念,规划增加了更多与此理念有关的内容。如今,五年发展规划内容在继续保留必要的经济发展基础上,突出了科技创新、社会民生和生态环境保护等内容。这种计划/规划的内容调整变化体现了与时俱进,引领着中国经济发展从一个阶段不断向一个更高阶段迈进。

两种体制下的指标管理作用是不同的。无论计划还是规划均需要落实到指标管理上来。计划经济体制下的计划指标是单一命令性的,且事无巨细,指标数量下达最多时有上千种,计划实施机构只能被动接受和在紧张压力下完成任务。市场经济体制下的规划指标分成约束性和预测性两类,主要发展指标数量保持在20—30个，用于分别分类指导和管理不同的规划对象。指标管理具有指导性和灵活性。这样的指标管理能够引导计划实施机构及其广大市场主体去主动适应规划要求和完成规划任务。

两种体制下的编制程序是不同的。计划经济的计划体制实行先上后下、自下而上、上下结合的复杂计划程序，指标层层分解，耗时但是成效不高，执行过程比较僵化刻板。市场经济的规划体制实行中央高层建议，各自编制的简单规划程序。这样的程序使得各级各部门各地方的规划既符合中央精神又结合本身实际独立编制，因此规划编制成效较高。在编制初期，以研究课题招标，规划建议征集，举办专家学者各界代表座谈会，委托国际经济研究机构研究等形式强化规划的社会参与。此外，“十三五”规划还增加了规划中期评估程序。所有这些做法都大大增强了规划的民主性和弹性。

两种体制下的实施机制是不同的。计划经济体制下的计划对所有的行政机构及其附属组织一律采取行政命令下达方式，这种行政命令大大限制了基层企事业生产经营自主性，压抑了经济活力。而市场经济体制下的规划只对关键机构和组织下达重要指标任务，大部分的规划任务通过具体政策和宏观调控手段加以推行。从第十一个五年规划开始，中期规划编制都需要附带经过初步论证的项目清单，作为年度规划项目审批的依据。其中，重要的项目和行业还需单独编制规划来配合五年中期综合规划的实施。这些都使得规划增强了有效性和灵活性。

实事求是地说，我国的计划/规划管理经历了一个曲折演变、日臻完善的过程。从“一五”计划开始模仿苏联计划经验，到“二五”计划开始尝试建立自己的计划管理模式，中国取得了良好的开端。但是后来受到国内外形势变化的巨大影响和冲击，早期计划管理绩效并不高。直到20世纪90年代建立社会主义市场经济体制之后，计划管理绩效才开始大大改进，“九五”计划是一个分水岭。从“十五”计划到“十三五”规划,规划后期规划绩效一直保持良好记录。中国已经建立起有规划的市场经济体制,依靠这个体制路径前行和完善,发展规划管理愈加发挥出久久为功、一张蓝图干到底的特点。

中国有规划的市场经济体制表明,对于一个寻求不断发展的后发经济国家而言,国家发展计划/规划是能够取得成功的;在市场经济体制基础上,这种国家发展规划也是可行和有效的。或许中国的国家发展规划是独特的,具有一些特殊条件。比如,中国共产党始终是国家发展规划的领导者,全程参与计划/规划的编制和实施过程,成为国家发展计划/规划成功的政治条件。改革开放时代开启之后,每届党中央五中全会做出编制下一个五年计划/规划的政治决议,已经成为一种制度化惯例。全国各级各部门编制自身的计划/规划,必须依循五中全会的计划/规划编制决议精神。这种政治集中统一和计划/规划管理分级分层形成了独有的特色。再如,国有企事业始终是国家发展计划/规划的执行主体,成为国家发展计划/规划成功的经济条件。在市场主体多元化环境中,要求每位市场主体都需按照国家规划经营是不合理的,市场导向是最基本的。但是对于一些关键性的规划任务需要有具体的企事业组织来承担和保证完成。国有企事业组织尤其是大型国企的制度属性决定了它是国家规划的实施主体。然而按照规划本身的固有逻辑观察,可以把中国这种特殊经验进行适当抽象,上升为那些世界上正在寻求发展的国家实施成功的发展规划的基本条件:一个长期稳定而不是动荡不安的政治环境,一套协调而不是各自为政的行政系统,一个尊重而不是排斥市场作用的经济系统,一个团结而不是四分五裂的社会系统,一个清晰务实而不是好高骛远的国家发展战略。满足了这些基本条件,国家发展规划就具有了可行性和有效性。

四、从计划到规划的启示

在经历了40多年的渐进式转型之后,我国基本上完成了从计划经济体制向市场经济体制的转型,目前已经进入定型阶段。尽管还需要有不断的体制创新,但是这些体制创新相对而言是技术性的,是完善性的,而非颠覆性的。大规模的制度创新或体制转型任务已经基本上完成。与此相适应的是,在经历了两个阶段的改革实践与理论的互动过程之后,我国也逐步完成了国民经济管理从总体上的计划管理向规划管理以及宏观调控的转变。中国特色的国民经济管理体系初步形成。

从这个时候起,探索和完善社会主义市场经济的规划理论和规划体系成为下一步理论与实践的重大任务。概括起来,这些任务有14项:转变规划编制理念;树立空间均衡原则;界定编制规划领域;理顺规划间关系;充实总体规划;做实专项规划;简化地区规划;灵活确定规划期;扩大民主参与;强化规划衔接;明确决策主体;加强规划评估;创新实施机制;加快法制化进程。①

在进一步探索社会主义市场经济制度条件下的国家规划理论与实践任务时,应当始终清醒地认识到:我国40多年来所取得的国家计划管理改革成就,始终离不开改革实践与理论相互结合的互动过程。我们不是单单从书本上去设计国民经济管理,而是更加注重从实际中去摸索符合我国国情的国民经济管理;我们不是单单从国外的市场经济管理经验中去学习如何

① 杨伟民:《规划体制改革的理论探索》,中国物价出版社2003年版,第2—14页。

管理市场经济，而是更加注重从中国的市场经济形成和发展过程中去学会管理市场经济。

总结40多年来国家计划管理变宏观调控、计划变规划的演化过程，有以下几点是值得注意的：

第一，我国依然具备实施有计划地管理国民经济的基本条件，因此保持一定形式和内容的国家计划与规划管理仍有必要性和可行性。传统计划经济理论认为，国家计划管理必须具备三个条件：社会化大生产，生产资料公有制特别是国有经济，无产阶级专政特别是共产党执政。[①] 经过40多年的改革开放，我国实现了从计划经济向市场经济的转变，其中国家计划管理实施的条件也有所变化。但是从总体上说，我国的社会主义市场经济还是在社会化大生产进一步深化，公有制经济继续保持主体、主导和主控地位，无产阶级民主专政特别是共产党始终保持领导地位下运行的。这就使得国家计划或规划依然具备实施的基础和条件，就使得国家计划或规划具有可行性。

同时，市场经济固有缺陷的存在也使得国家计划或规划成为一种必要。这一点是与资本主义市场经济国家有所区别的。曾经在一段时期里，一些资本主义市场经济国家如日本、韩国、法国等都大力推行过国民经济的计划化，成立国家计划管理部门，负责连续编制定期的中长期规划或计划。但是在新自由主义思想冲击下，这些国家都陆续减少或放弃了常规的国家计划管理，尤其是不再编制总体性、综合性的中期规划或计划。放弃国家规划或计划的消极结果是使得市场经济失去了一种制衡机制，这从一些国家随后发生的经济衰退或危机可以得到佐证。因此，除非市场经济机制在我国完善到极致程度，否则在较长时期里，我国应当继续坚持和完善必要的国家规

① 李震中：《计划经济学》，中国人民大学出版社1983年版，第7—12页。

划和计划管理，决不轻言放弃乃至取消国家规划或计划管理。

第二，国家规划和计划在宏观调控体系中起牵头作用。40 多年来经济体制转型的结果是宏观调控取代计划管理而成为国民经济管理的主要形式，相应地，在宏观调控体系中货币政策和财政政策担纲调控重任。通过学习美国模式的宏观经济管理经验后，一些学者和官员更加信奉宏观经济政策的“神力”，而对规划和计划不当回事。但是实践表明，通过模仿得来的宏观经济政策效应并不尽如人意。形成这种状况的原因自然很多，但是遵循 40 多年来中国改革开放的基本教义即理论联系实际、实践是检验真理的唯一标准，既然宏观经济政策效应有限而国民经济规划和计划作用依然存在，为何偏好宏观经济政策而置规划与计划于不顾呢？

进一步说，在实践过程中，国家规划或计划实际作用已经发生了重大变化，与计划经济时期的那种行政命令式的，单调、僵硬、机械、笨重的计划相去甚远。国家规划和计划实际上发挥着经济宪章的作用，它有助于实现经济和社会的协调发展，同时是解决市场失灵和政府失灵“双重失灵”的必要手段，此外它还具有经济伦理的作用。① 因此，规划和计划在宏观调控体系中不是可有可无的；相反，它在宏观调控体系中担当龙头或牵头作用。宏观经济政策以及其他各项具体政策的发布和出台，都需要依据规划和计划的相关内容。应当注意到的是，市场经济下的规划和计划具有了政策性属性，政策性计划实际上就是一系列相关政策的集合和协调，我们需要做的是如何发挥好政策性计划的这个特点。

第三，应当继续强调和发挥综合平衡原则及其方法在规划管理中的作用。综合平衡原则及其方法源自陈云的计划理论，他的计划理论曾对我国的经济计划工作产生过较大的影响。从陈云的计划理论可以看出，他始终

① 刘瑞等：《社会经济发展战略与规划：理论，实践，案例》，中国人民大学出版社 2006 年版，第 146—164 页。

坚持社会主义经济的计划性,认为计划经济必须占领我国国民经济的主要部分。而坚持社会主义经济的计划性,不等于搞无所不包的计划,要注意市场调节的作用。并认为根据我国生产力水平的实际和具体国情,计划体制总的格局应是计划经济为主,市场调节为辅,指令性计划与指导性计划都要按经济规律的要求办事。以今天的眼光审视,陈云的综合平衡理论是更具有中国特色的宏观调控理论。这些思想的光辉并没有随着体制转型而消失,陈云的社会主义计划理论对于进一步研究我国的计划理论和当前的计划工作仍具有启发意义。

综合平衡理论具体强调"四平",即财政、银行、物资、外汇之间的关系平衡。今天在市场经济条件下,"四平"的基础有所变更,但是"四平"的精神并没有消失。因为综合平衡理论注重经济内部各个重大关系相互之间的协调和统筹,并为实现这个协调和统筹建立了相应的具体数量联系和制度规定,比如过去编制综合财政信贷计划,将预算内外资金、银行信贷资金纳入具体的核算计划中;再如建立物资平衡表,确定商品流通量与商品库存量之间保持一定的数量比例。在"十一五"规划时期提出贯彻落实科学发展观,强调"五个统筹",即经济与社会之间、城乡之间、区域之间、人与自然之间、国内与国外之间要建立统筹协调关系。在"十三五"规划时期提出贯彻"创新、协调、绿色、开放、共享"五大发展理念。可以说它们都与综合平衡论中提出的理念和准则有关联。进一步说,与综合平衡论的"四平"相比,无论"五个统筹"也好还是"五大理念"也好,实现这些要求的具体政策探索和制度化建设还有很大差距。所以,依照综合平衡理论的思路,如何建立起与平衡相一致的机制,是今后改进和完善规划管理工作的一个重要方向。

第四,在经济规划的编制过程中,必须充分重视经济预测的作用,将经济规划建立在对未来科学预测的基础之上。马克思经济理论认为,经济计划的作用表现在可以合理地安排劳动力,使劳动力得到科学的使用;可以节约时间，提高效率，增加社会财富等方面。但是从发达市场经济国家的计划管理实践对经济计划的理解上，可以发现，经济规划和计划的作用还体现在可以用来消除不确定性和提供稳定的预期上，认为经济规划和计划是一种可以避免财政政策和货币政策的负面作用而达到稳定增长和有效率投资的较好的方法。由于市场经济条件下，参与市场活动的企业和个人具有独立的人格和承担各自的责任，政府越来越扮演市场秩序维护者的角色，因此国家规划和计划实际上是为市场主体提供了一个对未来的较为稳定的预期，帮助市场主体了解市场环境变化及其未来发展方向，从而可以对市场主体的行为理性产生引导和促进作用。

因此，这就要求我们在经济规划的编制过程中更加重视预测性，加强预期管理和跨期管理。经济规划不仅仅是对未来的一个展望，这个规划应该是建立在对未来的准确预测的基础之上的。尤其在经济全球化进程不断深入和扩展的时代，影响经济和社会发展的原因越来越复杂，不确定性因素不断增加，经济规划中的预测性也就变得越来越重要和不可忽视。过去我们讥笑市场经济国家的国家规划和计划是天气预报式的，没有实际影响力。今天看来，无论是资本主义市场经济还是社会主义市场经济，都需要重视国家规划和计划所起的天气预报式的作用。

第五，关于宏观调控的命题仍需要继续深入讨论和完善。进入市场经济之后，国家总的管理样式已经不再是计划管理，人们经常提及的是宏观调控。但是宏观调控尚未完全替代规划管理和计划管理。一方面，由于国家的中长期规划管理和短期计划继续存在，所以始终存在着宏观调控与规划或计划之间的关系认识问题；另一方面，随着宏观调控实践的展开与深入，对宏观调控的认识也处在动态进行之中。

从宏观调控实践看，我国改革开放 40 多年来集中实行过 8 次宏观调控，即 1979—1981 年的国民经济调整，1986 年的经济第一次“软着陆”，

1989—1992 年的治理整顿，1994—1996 年的第二次经济"软着陆"，1998—2000 年的防经济疲软，2003—2004 年应对非典疫情的调控，2008—2010 年应对国际金融危机，2020 年起应对新冠肺炎疫情。这几次的宏观调控均有明显的阶段性。同时宏观调控的目标与手段也比较明确：第一次重在经济结构调整，采用行政为主的调控手段；第二次重在防止经济过热，开始试图应用经济杠杆；第三次重在反通货膨胀，采用以行政手段为主的多种紧缩手段；第四次同样重在反通胀，采用更多的紧缩手段；第五次重在反通货紧缩，采用了以扩张性财政政策为主的手段；第六次重在防经济过热和产能过剩，采用关紧信贷和土地"两道闸门"及所谓"打组合拳"即货币政策、财政政策、土地政策等手段；第七次从"两防"（即防经济过热和通货膨胀）转向"一防"（即防止国际金融危机导致经济衰退）；第八次是全力应对世纪瘟疫对社会经济的全面冲击。可以看出，历次的宏观调控行动越来越强调市场化、法治化和国际化的操作，宏观调控是一种对市场剧烈波动的临时干预行动。由此，宏观调控主要是一种非正常、非常规的国民经济管理行动。

进一步说，一个市场经济体系中的国民经济管理通常分成两种形式：常规的和非常规的。一般而言，让市场机制发挥正常作用时，国民经济管理继续存在。但是这种管理是按照常规程序进行，因此属于例行的、常规的、程序性的国民经济管理。简而言之，就是政府税照收、地照批、钱照花。只有当市场机制出现广泛而巨大的失灵时，国民经济管理才有必要转化为临时干预措施，就出现了非常规的国民经济管理。在西方经济理论语汇中，将两种形式的国民经济管理都笼而统之地称作是政府干预。因为西方古典经济理论认为，自由市场具有自我调适功能，无须政府介入。而一旦政府介入，无论是经常性的还是临时性的，都属于政府干预。在 20 世纪凯恩斯主义兴起之后，对政府干预的必要性有所认识并在实践中加以坚持，出现了借助宏观经济政策和微观规制政策进行干预,即所谓"宏调"与"微调"两种干预形式。这实际上也表明了具体的政府干预行动也具有常规与非常规两种形式。

中国特色的社会主义市场经济实践表明,中国市场经济从一开始就存在着例行的国民经济管理。而在出现市场失灵时,更需要特殊的国民经济管理行动予以应对。这种特殊的国民经济管理行动就是宏观调控。所以,中国特色的经济发展模式本身就孕育了两种不同形式的国民经济管理形式。承认了这个基本事实,就应当建构起能够清晰解说的中国国民经济管理理论范式。在其中,宏观调控具有核心地位,具有特定的认知价值。笔者并不主张完全另起炉灶建构中国的国民经济管理及其宏观调控理论范式,因为毕竟中国改革开放实践本身已经基本上终结了传统的计划经济理论范式,开始引进了许多西方市场经济理论。只是需要强调,应当首先是从特殊性出发而不是从共同性或普适性出发去建构中国国民经济管理及其宏观调控理论范式,并把中国的特殊性与世界的共同性或普适性结合起来,以此完成宏观调控理论范式,完成中国特色的国民经济管理理论范式。

五、计划与市场的逻辑依然重要

当代信息技术的突飞猛进,极大地创造了人类改善自身环境生活的物质技术基础。由此引起了建立所谓新计划经济的看法和争议,引发这个争议的是当今互联网技术的业界精英。这个看法和争议其实是以往看法和争议的继续。在 20 世纪,至少有三次对后来的经济理论产生持久影响的争议。一次是关于计算机的使用是否会带来计算社会主义(实际上就是计划经济)实现的争议,一次是关于政府干预市场究竟是通向奴役之路还是繁荣之路的争议,一次是人类的理性究竟是无限的还是有限的争议。三次争议其实并不是限于特定的人物之间,比如兰格与米塞斯,凯恩斯与哈耶克,霍桑小组、西蒙与古典理论追随者之间。争议的背景均是在当时的物质技术基础发生了进步的条件之下产生的。这充分说明,科学技术进步是第一生产力,它不仅改变人们生活的物质存在环境,同时也改变人们生活的精神理念认识。然而,争议的结局依然是:似乎并没有建立起一种完全替代和背离人类需求的机制,而只是对现成的社会经济机制进行了持续的改进。

说到底,一切社会经济机制都是为了满足人们的需要而建立和改进的。这个基本常识来自生物界的自然规律,也是历史唯物主义的基本常识。人们的需要林林总总、千差万别,但是根据积累起来的经验认知,这些需要还是有一定之规可循的。因此,当具有了经验认知的工具和条件时,后人总会比先人对人类的需要知道得更多和更详尽,并为此做出必要的生产经营安排。但是人们永远不可能穷尽人类的需求,这种人类需求的不可知来自这样的限制:其一,人类的需求随着时间的变化是动态的,此一时彼一时的需求差别很大;其二,人类的需求随着空间的转换是善变的,靠山吃山、靠水吃水;其三,人们总是在给定的生产经营条件下获得满足,不可能超越这个时空条件。因此,我们可以依据经验积累认知做出分析,大致预测出人类需求变化趋势,并依据当时当地给定的条件去满足人类需要并尽可能地达到充分,但是永远不能精准地预见到动态的和善变的人类需要,并完全达到满足水平。

21 世纪比起 20 世纪,借助于信息技术的应用如大数据和人工智能,人们的确对自身需求和社会经济规律有了更广更深的了解,但由此认为可以诞生新计划经济,这只是从生产力要素变化方面的解释。任何经济运行机制和制度,总是离不开生产力要素和生产关系要素两个方面的发展与结合。

信息技术中的数据挖掘和大数据分析有助于决策进一步完善,但是依然代替不了决策。经济理论承认信息的不对称现象普遍存在,而这常常是困扰经济决策准确性的难题之一。因此随着大数据时代的降临,似乎改变了对信息不对称性的看法。大数据通俗的说法是样本等于总体的数据,换言之,没有多余的数据。但是达成这样的情况很令人怀疑。即使技术上实现了全体样本,也只是对历史记录数据而言,并不代表未来数据。而且瞬息万变的数据收集是有时间差和成本的,依据大数据做出决策还需要将时间差、收集成本和数据遗漏等因素考虑在内。借助大数据,可以更广更深地了解事物现象,但是在现象与本质之间要建立联系,仅仅依靠大数据是不够的。这需要更多的逻辑知识和分析工具。

信息技术与其他科技结合而形成的人工智能对于模拟和掌控经济行为有明显改进,但是不可能完全替代经济行为自身。21 世纪发生的最具有人工智能里程碑事件的,是国际象棋的人机大战,机器人战胜了当今国际象棋头号大师。的确,在许多微观领域,人工智能的卓越表现已经屡屡令人称奇,可以替代人类劳动,甚至比人类劳动干得更为出色。然而,令人恐惧的也是这一点:人类自己的劳动由机械系统和计算系统替代之后,人类还能不能掌控后续行动?人脑无与伦比的创造性想象力和智慧还有没有?回答这样的问题不是经济学或其他社会科学所能够做到的,要解释清楚的可能是人类学。目前所看到的人工智能,绝大多数是在复制已有的人类事件和数据,并将这些事件和数据做到逻辑化和模型化。其实经济学一直在持续不断地努力推出各种经济行为方程和模型来精准模拟人类行为。自从人们充分分析了经济危机的起源和发生机理之后,人们满怀信心地认为可以准确预测和掌控经济周期性波动。可是到 2008 年,人们依然避免不了堪比 20 世纪 20—30 年代所发生的那场经济大萧条危机。目前看,人工智能运用将会越来越广泛,进入家庭、进入企业,甚至进入政府机构,但是成功的希望大概集中在微观领域。在宏观领域,依靠人工智能做预测和掌控未来明显是做不到的。

说到底,大数据和人工智能只是在物质技术手段方面的进步,属于社会生产力领域生产工具的历史性改进。但是要在社会生产关系领域做出相应改变,需要更多的努力和转变。提出建立新计划经济,或者重建计划经济只是一种主张,是一种选项。即使同意这个主张或选项,也要考虑如何对已经形成的生产关系做出调整、如何改造已经植根于经济土壤的市场机制。严格说来,我们的理论准备并不十分充分。

显然,中国已经建立起了富有管理成效和经济活力的有规划市场经济,因而就不需要恢复指导性的计划经济,亦无必要重新建立一个指令性经济。市场经济属于商品经济的高级形式,是发达的商品经济。提出建立新计划经济的主张是开历史的倒车,将会挑起不必要的争议。由于信息技术进步导致了更加有利于计划/规划管理的因素涌现,但这还不足以说明建立新型计划经济的充分性和必要性。

我国历经40多年转型为有规划的市场经济,在创造出高速增长和经济繁荣之后,也开始显示出市场经济的固有缺陷:收入分配不均,社会贫富分化严重;经济外部性效应突出,环境污染后果严重;资本力量染指广泛领域;市场引导的盲目性加深,产能过剩现象严重。这些乱象说到底,是马克思在分析商品经济世界给出的图景:商品的使用价值与价值的分离与异化,具体劳动与抽象劳动的分离与对立。商品经济的内在矛盾发展到它的高级形式即市场经济,不是消失了,而是扩大了、深化了。我们面对的是如何妥善解决这种矛盾。从根本上说,消除这些矛盾目前尚不具备各方面的条件。

回顾过去,改革初衷是力图把市场的长处同计划的长处结合起来,40多年的高速增长与经济繁荣也表明这种结合还是有可能和有效的,但是同时也把市场的短处一并带入,这当然不符合改革设计想法,也不是把打开窗户飞进来的几只苍蝇轰走那样简单。市场机制固然是目前配置资源最有效率的机制，但是这种高效机制用得不好也会变成对资源利用最有害的机制。迄今为止，主流经济理论依靠数学逻辑和经济逻辑证明了市场均衡的存在及其有效性，但这种逻辑证明依赖于严格的假设条件，而与现实条件相去甚远。人们可以假设理想生活的条件，但却无法选择现实生活的条件，而只能依赖这些现实条件去选择性地生活。因此不能盲目地把现实中出现的问题都简单归结为是市场化不彻底，因而引出继续推进市场化改革的逻辑。不能一条路走到黑。将市场与计划结合起来的逻辑，自然是结合各自的长处而不是结合各自的短处，这个逻辑在改革之初就是明确的，40 多年之后当市场机制的缺陷暴露无遗时更应坚持这个逻辑。

现在人们习惯于用市场与政府的关系来同等表述市场与计划的关系。原则上讲，二者还是有差异的，对分析和解决问题有不同逻辑。市场含义本质上讲是交换场所及其交换关系总和，它在配置资源时的作用特点就是自发性和趋利避害。计划含义本质上讲是人类理性设计，它在配置资源时的作用特点就是自觉性和按部就班。政府含义本质上讲是社会组织的一种形式，它可以成为管理社会经济活动的主体，具有广泛性和强制性。因此，政府与市场之间，是管理主体与管理客体的关系；政府与计划之间，是管理者与管理工具的关系。讨论政府与市场的关系，首先是政府要不要管理市场的问题，这已经是常识性命题，毋庸置疑，因为在所有的社会经济场合都存在着一定形式的政府管理或干预市场现象。其次是政府如何管理市场的问题，这自然就衍生出管理工具的运用命题，而这才是关键，因为管理工具使用的种类、形式、方式、力度和效果，对市场的有效性存在很大差异。比如同样采用利率工具调节市场价格和应对通货膨胀，不同政府组织形式实施的效果差异就很大。讨论市场与计划的关系，是如何将自发性与自觉性、趋利避害与按部就班结合在一起，这是高度复杂的命题但又是问题的核心。对所有这些关系的探索都归结为一个基本命题:在满足人类自身需要时,社会如何在趋利避害地自发实现与按部就班地自觉实现之间达成平衡。

中国社会主义制度发展到今天,已经具备了更加丰富的经验教训,也拥有了更多的化解问题与矛盾的工具和手段。这些至少包括:正在做大做强做优的国有企业,日益创新进取的民营企业,产权保护制度,政府周期性规划,高效有力的产业政策,积极的财政政策,稳健的货币政策,统一普惠的社会保障制度,日益健全的市场体系,政府、企业和个人的信用征信制度,上下协调的央地政府关系,等等。应当继续借助于上述基本制度和工具来化解多年积累起来的问题与矛盾。

可以明确的是,市场机制在应对微观经济领域方面是比计划机制更加灵活和有效的,而计划机制在应对宏观经济领域方面则比市场机制更加有效。对于中观层次的经济活动,市场机制和计划机制各有所长、长短互见。因而,进一步的市场与计划相结合,可能是在微观领域继续加强市场的作用,在宏观领域继续强化计划的作用,在中观领域则结合市场和计划的共同性作用。比如在微观领域加强反垄断,进一步放开竞争;在中观领域加强行业协会的协调和组织作用;在宏观领域强化规划引领和调控作用。借助于信息技术进步,在微、中、宏观三个国民经济层次上,可以更充分地利用大数据以降低信息不对称性,可以利用人工智能以降低市场非理性。

经历了疾风暴雨式的改革过程,健全的思维逻辑应当形成,这种思维就是不走极端,在计划与市场的相互结合上寻求平衡。极端的思维逻辑,即要么市场、要么计划,是不可取的,需要摒弃。然而值得警惕的是,在大力推进政府简政放权继续深化改革的进程中,有一种潜在的企图或者说有意的导向是把市场深化当作深化改革的目标。当年邓小平提出的“两个不等式”逻辑(社会主义不等于计划经济,资本主义不等于市场经济)在深化改革的今天依然有必要强调和坚持。依照这个逻辑,市场和计划都是工具,都是服务于社会主义经济发展的需要。面对当前复杂的社会经济问题,一定要保持清醒的头脑,明确是什么性质的问题就采用什么工具加以解决。若是市场不足就大力发展市场,若是计划不足就一定强化计划/规划,而不要抬高或者贬低其中某个工具,拘泥于某个观念。显而易见,只把市场化当作深化改革的方向或目标是片面的认识。从根本上讲,今天所有的深化改革的目标,是继续健全和完善 70 多年来经历无数次磨难打造起来的社会主义经济制度。这个经济制度保障了人民生活水平的持续提升和国家实力的不断壮大,实现公平正义。计划还是市场,多一些、少一些,本身都不是价值判断,都是可以采用的工具和手段。

第五讲　数字技术助推文化艺术发展

黄隽

中国人民大学应用经济学院副院长，博士生导师，中国人民大学文化经济研究所所长，国家社科基金艺术学重大项目首席专家

文化是民族的血脉，是人民的精神家园。中华文化独特的理念和神韵，是中国人民和中华民族内心深处的自信和软实力。

我国政府高度重视文化发展。在“四个自信”中，文化自信是最为基础和持久的力量。党和政府积极推进文化建设，党的十八大以来出台了一系列的政策文件，强化公共文化建设和文化产业发展。党的十九届五中全会从战略和全局上对文化建设作了规划和设计，明确提出到2035年建成文化强国。这是党的十七届六中全会提出建设社会主义文化强国以来，党中央首次明确了建成文化强国的具体时间表。党的二十大明确提出全面建设社会主义现代化国家，必须坚持中国特色社会主义文化发展道路，增强文化自信，围绕举旗帜、聚民心、育新人、兴文化、展形象建设社会主义文化强国，发展面向现代化、面向世界、面向未来的，民族的科学的大众的社会主义文化，激发全民族文化创新创造活力，增强实现中华民族伟大复兴的精神力量。

在建设文化强国的新征程中，科技是重要的引擎，发挥着重要的作用。

一、科技给艺术品市场带来什么？

我们以艺术品市场为例，讨论科技对艺术品市场带来的深刻改变。

科技与艺术相伴而生，互相促进，相互影响。最近几十年，技术的高速发展在很大程度上改变了经济社会形态和生产生活方式。科技对文化艺术的改变不仅仅体现在外表，还深入艺术生产、展示、鉴定和流通等方面的本质环节。

第一，科技为艺术创作带来了更多灵感和表现形式。艺术是现实社会的反映和再现，是时代的印记、记录和镜像。科技深入到人们的日常生活中，必然会反映在艺术创作和艺术作品中，科技的发展给艺术创意带来了更大的空间和实现的可能。生活节奏的加快使人们更愿意接受通过互动和体验来感受艺术场景和思考艺术理念，而这将在很大程度上改变艺术的性质，艺术的先锋性、启发创新的效应在增强。

例如，北京今日美术馆未来馆将实体美术馆、云端美术馆及虚拟现实VR、AR等互动形式结合在一起，探索拓展美术馆艺术展示和实体的边界。我们看到在展览中的未来展示部分将科技元素融入到艺术创作中。多位艺术家携手科学家共同完成集黑科技与艺术融为一体的作品，展品涉及装置、音乐、影像等当代艺术的多个门类。通过场景浸入式的氛围，将感官、视觉等身体感受全部调动起来，跨媒介交互，人与机器的互动，虚拟与现实的交叠，给观众带来全新的观展和领悟体验，艺术的各种表达格式在不同维度时间及空间概念中引发人们对当下社会与未来远景进行思考。

数字艺术品是近两年艺术品市场上的热门话题，涉及的领域也拓展至体育、影视、游戏、音乐、航空航天等。无论载体还是风格，数字艺术品都有鲜明的互联网烙印。其创作的不是实物作品，只在虚拟世界观赏、收藏和分享。尽管从传统意义上看，很难将数字艺术品归入主流艺术范畴内，但这些作品的创意性、科技感和放松感比较契合当下年轻人的心境。

第二，科技使艺术展示跨越了时间和空间。艺术除了给予人们一种赏心悦目的滋润外，还具有丰富人的精神生活、提升文化素养的社会功能。博物馆尤其是公立博物馆定位于传承、研究、教育、推广和普及等公共服务，让更多的人走进博物馆是博物馆的重要职责。

伴随着博物馆数字化，互联网技术跨越了时间和空间的限制，人们足不出户，就可以参观全球很多知名博物馆和美术馆的经典艺术品和正在进行的展览。移动互联网还使人们可以随时方便地与艺术家和策展人对话聊天，讨论艺术作品和创作理念。不少世界知名的大博物馆和网站还免费提供高质量的超高清艺术作品，使人们可以感受到即使到博物馆都难以观赏到的细节。从这个角度讲，科技几何式地拓展了博物馆的宽度和深度。

很多博物馆开放数位藏品图像供全民利用是公共化政策的一环，更希望能借此扶植文化创意产业相关厂商，透过图像的创新能让更多文创厂商以博物馆的典藏文物作为创意泉源。

艺术的数字化可以按照主题、人物、类别、时间等逻辑分类，给欣赏或研究等不同的需求者带来了巨大的便利。我们看到，最近几年，博物馆网上开放高清典藏，不但没有使参观人数减少，而且其教育普及功能拉近了百姓与博物馆的距离，吸引了越来越多的人走进博物馆。

2021 年我国博物馆接待观众 7.79 亿人次，策划推出 3000 余个线上展览、1 万余场线上教育活动，网络总浏览量超过 41 亿人次。① 科技推动降低了博物馆的门槛和成本，博物馆热在很大程度上推动了社会文明建设和美育教育。

第三，科技为艺术品鉴定和溯源提供了新路径。艺术品鉴定是艺术品市场非常重要的一环。“眼学”是目前艺术品鉴定最常用的做法，即以专家、行家的知识、经验和眼力来辨别艺术品的真伪。由于现代的复制技术水平越来越高，鉴定者还可能会因为利益而产生道德风险，在这种情况下，较为客观的科技鉴定应运而生。科技鉴定主要从断代、结构和化学元素分析等方面，采用现代科技的检测手段锁定艺术品物质形态的微观信息，存入数据库进行认证备案。未来的艺术品鉴定应该是借助大数据资源的支撑，主观与客观、专家鉴定和科技手段相互结合，互为补充。

最近几年兴起的区块链是比特币的底层技术，其数据块信息生成的时间戳和存在证明，可以实时记录并完整保存所有的交易记录。区块链的优势主要表现在不需要中介参与、信息开放透明且不可篡改、数据安全和成本很低。它最重要的是解决中介信用问题，为艺术品防伪和防欺诈提供了新的渠道，系统地保护艺术家的知识产权。这击中了艺术品市场缺乏合适的记录保留方式和艺术品来源实时验证等需求痛点。

区块链上的内容可以被全世界集合管理系统和编目数据库所使用，保险公司、博物馆、执法机构等机构都可以实时验证，整个过程便捷，具有广泛的使用价值。例如，艺术品盗抢险就非常需要一个共享的追踪机制。区块链不仅可以为艺术家提供免费的库存管理系统，在艺术品的所有权发生变化时通知画廊和美术馆等相关机构，还可以为收藏家寻找没有公开披露的价格和身份等虚拟资产信息。区块链可以成为寻找艺术品的美术馆和希望

① 新华社：《2021 年我国博物馆接待观众 7.79 亿人次》，2022 年 5 月 18 日。

通过展览提升艺术品价值的私人收藏家之间的中间商，将艺术品的完整生态链信息放到区块链上，为博物馆、私人藏家等提供可靠的信息平台支撑。区块链作为一个容易分享、发现和传播的永久记录，如果发展顺利，将会促进艺术市场向私人的点对点交易和网上交易转移。

第四，科技拓展了艺术品交易的广度和深度。最近几十年是艺术品市场和交易最为活跃的时期，艺术品的高价大多产生在这一阶段。这其中科技进步功不可没，技术发展为艺术品交易提供了宽广的获客渠道和宣传途径、便捷的金融支持。

人们可以很容易地了解全世界各地画廊、博览会等艺术品的状况，艺术品电商、拍卖可以跨时间和地域实时竞价和支付，大幅节约了差旅和时间成本。艺术品供给方可以通过平台访问数据分析客户的消费偏好，进行更为精准的营销，提高了买卖双方的效率。网上同步实时竞拍已经成为各大拍卖行的标配，对业绩的贡献率越来越显著。

伴随着经济增长，人们对精神文化的消费需求也越来越高，艺术品作为文化的载体，受到了越来越多消费者的青睐。在线上化模式兴起的趋势以及直播模式的带动下，艺术品电商的用户规模呈现跨越式增长。艾媒咨询数据显示，2020 年文玩电商行业用户规模达 6085 万人，交易规模达 1630 亿元，预计 2023 年整体用户规模将突破一亿人次，交易规模超过 5000 亿元。目前文玩电商行业已形成了“直播+竞拍+鉴定+社群”的商业模式，大大完善了文玩收藏平台的生态圈，有效激发了文玩市场的发展活力。

目前，国家网信办根据《区块链信息服务管理规定》，公布了 348 个备案编号，其中包括近百家数字藏品相关企业，超过 150 个数字藏品相关服务。该公告为数字藏品行业释放了积极信号，对于拿到备案的数字藏品企业，可以按照相关要求在一级商品市场发行数字藏品。2022 年 6—7 月，《数字藏品行业自律发展倡议》《数字藏品应用参考》相继发布，明确拒绝数字藏品二次交易,抵制炒作;并将数字藏品视为数字出版物的新形态,为行业提供合规应用参考。伴随着监管红线和政策导向的明确,国内逐步用数字藏品来替代 NFT 表述,NFT 与数字藏品之间的差异越来越清晰。可以说,数字藏品是 NFT 在国内本土化、合规化的展现方式。对于数字藏品,应当积极引导,发挥其正向作用。目前,数字藏品生产既可以依托文化遗珍,也可以原创,不少数字藏品基于知名 IP 开发,价格亲民,定位于大众消费层级。这有利于促进美育教育,承担和发挥文化遗产传承功能。比如,一些博物馆通过发行镇馆之宝的数字藏品火出圈,让更多人认识和了解了这些博物馆及其承载的文化。

科技与艺术品表面上是两个相距甚远的领域,但是科学与艺术创作都需要智慧、情感和想象力与创新精神。在科技的推动下,艺术在融合空间、艺术、媒体、商业与金融等方面存在着巨大的发展空间。

二、人人都是文化消费者和供给者

你每年文化消费大约是多少?你每天有多长时间在手机和电脑屏幕上?你每天会有文化娱乐消费吗?你走进环球影城、迪士尼、欢乐谷会想到什么?认真思考这些问题后,你会发现,数字经济时代文化产业的新动向和新特征。

一方面,伴随着经济发展和收入水平提升,无论是城镇居民还是农村居民,文教娱乐名义消费支出一直在稳步增长。2020 年突如其来的新冠疫情导致线下消费减少,全国人均文教娱乐名义消费支出也出现明显下降。另一方面,伴随着科技进步,数字技术已经深入到人们生活的方方面面,成为人们生活的重要组成部分。数据显示,2020 年 12 月,我国移动互联网活跃用户规模达 11.58 亿人,全网用户人均单日使用时长为 6.4 小时。[①] 消费者的线上时间主要用于文化消费。2020 年 6 月,网络视频、网络音频、短视频、网络音乐、网络直播、游戏、文学等每天人均数字文化消费时长约为 3.4 小时。不仅线上文化消费时间较长,而且新冠疫情使很多线下时间转移到线上,很多人都没有意识到,你每天都在进行视频、音乐、新闻、直播等文化消费,数字经济时代文化消费地位空前提高。由于大量线上消费免费或费用很低,线上消费时间和统计局统计文化支出并不对应。

在早期,亚当·斯密、边沁、马歇尔、凯恩斯等不少经济学家都谈到对文化的看法。经济学家威廉·鲍莫尔等在 20 世纪 60 年代关于“成本病”的研究是公认的文化经济学的开端。在过去很长一段时间里,由于工业革命推进了社会化分工和生产,制造业劳动生产率大幅提升。传统的主流经济学家一直认为文化艺术是一个效率较低的服务业。文化艺术活动比较个性化和人工化,机器很难替代,文化艺术行业技术含量相对较低,很难通过劳动分工达到规模经济要求的标准化和批量化。

经济发展推动了技术创新,从而给文化业态带来了深刻的影响。印刷技术的进步导致的标准化、规模化推动了整个图书出版行业的快速发展。以电报、电话、电视的发明为标志,视听技术使得声音、图像能够录制、压缩、复制、存储和传输,促成了音像文化产品的批量化生产,文化行业的劳动生产率得以大幅提升。伴随着经济发展和收入提升,整个社会的观念随之发生变化,人们越来越重视健康、绿色、娱乐等生活品质和精神收益,文化需求攀升客观上也加速了文化产业供给的提质增效。文化产业越来越多从劳动密集型向科技和资本密集型转变。电影大片制作、奥运全球转播、环球影城、迪士尼、欢乐谷等都是文化与科技、金融结合的结果,产业的特征越来越

① 参见《Quest Mobile 2020 中国移动互联网年度大报告·下》,2021 年 2 月 2 日,https://www.questmobile.com.cn/research/report-new/143,2021 年 4 月 7 日。

显著，辐射范围扩展至全球。

数字技术时代给文化产业赋能，开辟了文化艺术产业崭新的发展空间。VR 和 AR 技术的沉浸式、参与式体验，使我们通过线上美术馆、博物馆，亲眼感受文物艺术品等的细微生动的内容，这一改变不但没有影响线下人们参观博物馆和美术馆，反而激发了更多的人去看展。数字技术的新颖呈现和变革给文物艺术品行业带来了更多的年轻人和活力。

今后，数字产业化和产业数字化将成为我国经济发展值得关注的热点。产业需要登上数字经济快车，数字藏品或许可以作为品牌 IP 的推广方式，通过其个性化、艺术化表达，创新商业营销模式，吸引更多年轻人关注。应充分激发市场主体创新活力，推动发展区块链商业模式，探索虚拟数字资产、知识产权等领域的数字科技应用落地，更好服务经济社会。

数字技术极大地拓展了文化消费规模，数字文化产业覆盖面广泛。2020 年 12 月，在网络视频方面，网络视频用户规模已达 9.27 亿，其中短视频用户占比达到网民整体的 88.3%；网络新闻用户规模达到 7.43 亿；网络音乐用户规模达 6.58 亿；网络直播用户规模已达 6.17 亿；网络文学用户规模达 4.6 亿，数字阅读越来越普及，音频和视频阅读成为常态，现代阅读方式使纸质传统媒介发生巨大变革已经成为现实。数字时代由于网络带来的广泛的规模效应是传统产业远远无法企及的。

在数字时代，数字技术跨越了文化程度、收入财富等门槛，文化程度低也可以进行文化消费，人们每天可以免费或者以很低费用欣赏视频、音频和音乐等丰富多彩的内容，人人都是消费者。同时人人也是供给者，每个人都可以随时分享自己的视频、照片和观点等，在一个平台上成千上万的个性化、多样化的分享聚集，构成了文化产品非常多元而丰富的供给。大数据精准搜索可以快速满足个性化、多元化的消费需求。文化消费和供给跨越时空限制，降低成本，提升效率，人们可以随时欣赏到全世界珍贵的文化遗产、创新动态和发展趋势。

当然，在数字信息时代，我们也面临着网络成瘾和信息茧房的问题和挑战。无论是年轻人、中年人，还是银发一族，越来越多的人沉溺在网络世界中，离开手机无法生活的大有人在。互联网根据用户特点和习惯，不断推送其偏好的产品或服务，用户在某种程度上也被禁锢在一个特定的信息群中，影响了对社会较为全面的了解和认知。

我国在“十四五”规划和2035年远景目标中明确提出，到2035年基本实现社会主义现代化远景目标，人均国内生产总值达到中等发达国家水平，中等收入群体显著，建成文化强国。中国文化高质量发展的目标包括提高社会文明程度、提升公共文化服务水平、健全现代文化产业体系、提升文化软实力与对外影响力等方面。经济发展是文化行业发展的基础，文化高质量发展是文化强国建设的重要组成部分。

文化产业需要强调社会效益，坚持正确的价值观，趋利避害，努力做到社会效益和经济效率的双赢。中华民族历史文化资源丰富，源远流长。文化高质量发展既要对我国优秀传统文化进行深入挖掘和广泛传播，也要实现对经济发展的促进和对社会文明风貌的引领。需要重视数字技术的使用，通过对优秀传统文化进行再创造和现代表达，以新创意和新模式将文化艺术融入现代审美、价值观和当下生活工作，使文化产品喜闻乐见，吸引更多的年轻人进入和参与。

三、数字技术助推历史文化遗产焕发生机

在五千多年文明发展中孕育传承下来的优秀历史文化遗产，积淀着最

为深沉和最为持久的民族底色和精神追求,代表着中华民族独特的血脉、智慧、神韵和气质。党和国家高度重视历史文化遗产的创新性传承,习近平总书记强调“让收藏在博物馆里的文物、陈列在广阔大地上的遗产、书写在古籍里的文字都活起来,丰富全社会历史文化滋养”。“十四五”规划和2035年远景目标明确提出“实施文化产业数字化战略”。数字技术已经深刻影响文化的生产、流通、传播、消费等方式,对历史文化遗产的赋能作用越来越明显。

(一)数字技术促进历史文化遗产保护和传承

中华文明蕴藏博大精深的精神文化资源。年代久远的历史遗珍实物形态的传世不仅困难,而且数量较少。由于担心损坏,很多文物长期在库房里“睡觉”,展示利用与保护传承之间存在着矛盾。

数字技术可以基于交互体验的形式满足公众的求知欲和好奇心,使文化遗产在展示和利用的同时仍然能够得到有效的保护。数字智能化的展柜展室系统,可以让珍贵文物保存于适宜的温度湿度环境中,避免或缓解文物的损坏和老化。通过虚拟空间技术、AR 互动体验等手段,将文化遗产转变成逼真的三维虚拟场景,人们既能够近距离地观察一些不便公开展示的文化遗产的每一个细节,也可以远距离地鸟瞰文化遗址周边的景致。数字技术可以与文物或者照片比对,通过虚拟的方式拼接,数字复制和修复被毁坏文物,全方位多视角地展现了昔日古都、遗址和文物等的风貌。故宫博物院披露的数据显示,故宫藏品总目186万余件/套院藏文物目录实现了实时检索,“数字文物库”已对外发布超过68000件文物信息和高清数字影像。

我们保护和传承中华优秀传统文化的根脉,才能更好地获得文化身份和价值观念认同。数字技术可以使历史文化遗产的集体记忆得以永久性保存,在维护历史文化遗产的真实性和延续性方面起到重要作用。国家文化大数据建设中的中国文化遗产标本库、中华民族文化基因库和中华文化素材库等，按照标准结构化存储于服务器，实现专业资源分类和系统资源整合，并通过有线电视网络实现全国联网，流传后世，成为提取传统文化素材、开发文创产品和社会研究等的丰富素材和数据库资源。

（二）数字技术为文化遗产创意带来更多的灵感和表现形式

文化产品供给必须坚持把社会效益放在首位、社会效益和经济效益相统一的原则，加强对历史文化遗产以史育人价值的研究和阐释。在对文化遗产精髓提炼的基础上，数字虚拟仿真等技术可以实现跨介质、跨时空交互，借助其创造绚丽、新颖场景的视觉、听觉、触觉等的冲击力优势，不断探索和拓展传统文化的边界和想象力，畅通跨产业通道，为创作者带来更多的灵感和表现形式。通过将优秀传统文化融入当代审美和当代价值观，激发出大众对中国传统文化的共鸣、认同感和自豪感，不断拓展历史文化遗产生产的新生趣和新业态。

不少文化机构挖掘自身的优质 IP 资源，借助 5G、AR、VR、人工智能、直播、元宇宙等新技术，推出了雅俗共赏的数字文化精品力作。2022 年春节期间，冬奥开幕式的世界非物质文化遗产《24 节气》倒计时惊艳亮相，传统智慧的节气、古诗词与充满生机的当代中国影像浑然天成，中国式空灵、浪漫唤起了人们的美好共情。取材于北宋王希孟的名画《千里江山图》的舞蹈诗剧《只此青绿》成为 2022 年春晚节目的顶流，《只此青绿》将中国古典的山水人文风骨意趣带入当代语境，呈现了东方的唯美和哲思。实景游戏体验、博物馆场景角色扮演等项目成为年轻人社交的新形式，给人们带来丰富别样的文化体验和深刻记忆。这些成功的案例都是将经典传统文化从抽象概念与范式化叙事中提炼出来，进行趣味性结构、技术化和艺术化加工，以润物细无声的方式融入到现代审美之中，让传统文化动起来和活起来，增强了人们的文化自信。

数字技术的加速应用和迭代深刻地影响着传统文化创新创意和优质产品的供给力度，成为激发文化建设活力的关键所在。伴随着消费升级，人们不再执念于拥有多少物品，而更加看重经历了怎样的难忘体验，是否有超出想象的创意性和直抵内心的感染力。文化消费在很大程度上是为了满足人们对于感官和情感的享受和超越。人人都可以基于传统文化创作作品，实现了创意的多样性和个性化。巨大而广泛的消费受众的流量和点击竞争对作品形成反馈，给优质创作以社会效益和经济效益的正向激励，激发创作者创作更多的优质文化力作，真正赢得受众的美誉口碑。

（三）数字技术为文化遗产展示和传播插上翅膀

数字媒体在展示和传播方面具有得天独厚的优势，具体表现在：首先，数字媒体时效性强，手段多样，传播迅速，辐射面广，内容短小精悍，更直观、更丰富，适合受众碎片式的接受方式。大数据精准搜索、个性推荐、智能分发可以快速满足多样化的消费需求，降低成本，提高效率，大幅提升了消费者福利水平。其次，公众参与数字媒体的社交属性强，人人都是自媒体，随时都可以展示、传播和评论，分享观点和情感偏好，数字媒体容易强化受众的存在感和忠诚度。最后，数字技术的新颖呈现、沉浸体验与时尚潮流气质契合，增加了传统文化的亲近感、吸引力，受众在愉悦放松中收获知识，极大地拓展了文化遗产传播的广度和深度。传统文化通过盲盒、虚拟偶像、网游、手办等年轻人喜闻乐见的表达方式，给文化行业带来了更多的年轻人和活力。

2019 年腾讯社会研究中心等机构发布的数据显示，有将近 90%的年轻人对传统文化有浓厚兴趣，其中有 80%的年轻人通过网络了解传统文化，远远超过传统学校教育和文化场所实地参观。由此可见，数字化渠道将是传统文化与当代文化进行对接的最主要媒介。2020年,由于新冠疫情的影响,很多博物馆闭馆。全国博物馆系统推出了两千多个线上展览,总浏览量超过50亿人次,文化遗产的传播力大幅提升。

越是民族的,就越会受到世界的喜爱。中国传统故事蕴藏着东方文明的无尽魅力,是国家软实力的重要组成部分,是对外传播的上佳载体。我们需要以别人可以听得懂的方式对外讲好中国故事,以市场手段去营销优秀文化产品。虽然世界各国具有不同的经济发展水平、生活背景和文化环境,但是勤劳正直、公平正义、亲情爱情、美好生活、人文精神、科技发展等人类共同推崇和向往的价值观,本质上都是文艺作品在跨文化传播中能够得到普遍接受与产生共鸣的基础。最近几年,中国优秀国产动画进入重要国际奖项,在出海方面取得了较好的成绩,就是很好的例证。

(四)数字技术拓展了消费的广度和深度

数字技术降低了文化消费的教育程度、收入财富、城市乡村等门槛,跨越时空、语言和文化的差异,使优质的资源在全球配置和享用。人人都是文化的消费者,人们可以足不出户,每天免费或者以很低费用,通过视频、音频等欣赏到全世界高清晰的、丰富多彩的文化遗珍,科技推动了历史文化遗产融入人们的工作和生活。

《中国互联网络发展状况统计报告》显示,截至2021年6月,我国手机网民规模达10.07亿,8.88亿人看短视频、6.38亿人看直播,网络游戏用户规模达5.09亿。2020年6月数据显示,我国网络视频、音频、短视频、音乐、直播、游戏、文学等每天人均数字文化消费时长为3.4小时。碎片化、即时化、定制化、个性化的文化消费正在成为新的消费趋势,社交与分享强化了交流与认同,数字文化已经是百姓日常生活中不可或缺的信息来源和精神寄托。

数字技术使文化遗产产品的受众面极大地拓展，提升和拓展了全民的美育素养和视野。互联网使少量需求的加总可以成就一个巨大的市场，长尾效应滋养和支持了小众、个性和高雅文化。消费者对文化内涵和美好生活的持久向往和巨大需求，推动着数字文化产业不断地转换动能和升级换代。

需要关注的是，数字技术对文化遗产的影响也存在一些问题，应该加以重视和解决，例如，在大众流行文化的快速迭代中，数字经济的快与传统文化的慢之间形成了较大的反差，也使不少文化遗产面临着生存危机，真正能够搭上数字技术快车并发扬光大的传统文化占比并不乐观。在科技与文化的结合中，精良深厚的文化内容是内核灵魂，数字技术是工具和重构。不少内容创作匹配不上科技水平，技术打造绚丽多彩的外表成为没有灵魂的空壳。仅以流量和关注度作为衡量标准，必然会产生技术成为噱头等问题。引流和营销固然重要，但是颠倒主次不能赢得真正的受众和口碑。

数字化是文化遗产创造性传承和创新性发展的重要途径。在实现文化强国的目标中，我们必须坚持中国特色社会主义道路，弘扬社会主义核心价值观，在发展中解决问题，让历史文化遗产成为增强文化自信的重要源泉，共同推动中华民族的伟大复兴。

第六讲　新时代的中国经济运行

丁守海

中国人民大学应用经济学院教授、博士生导师

2019年以来中国经济下行压力陡增，险象环生。2019年GDP增速为6.1%，比上年回落0.5个百分点。如果说这仅仅是告别2016年以来的平缓期，回归新常态路径的话，那么2020年新冠疫情所带来的猛烈冲击则是完全出乎预料的，2020年一季度GDP增速降至-6.8%，创改革开放以来之最低。2021年经济形势总体向好，但受疫情反复的影响，GDP增速波动较大，2021年一至四季度的GDP同比增速分别为18.3%、7.9%、4.9%和4.0%。回顾近年来的经济事实就会发现：一方面，突发事件对中国经济的扰动正变得越来越频繁；另一方面，潜在增长率下降等趋势性压力也在强化。长短期因素叠加使下行压力和不确定性风险陡增，在这一过程中结构性矛盾变得更加突出。现在既要提升经济发展质量，更要防止经济失速，这对国民经济管理提出了更高的要求。

一、中国潜在增长率的下行趋势

古典经济学认为，一国潜在产出水平取决于资本、劳动、土地等要素的供给状况及技术水平，相应地，潜在增长率也取决于要素供给增长率和技术进步率。中国现在面临的问题是，要素增长率在放缓甚至减少；技术进步率则受多重因素影响而无法腾飞，二者交织发力，潜在增长率必然下行。

（一）人口红利渐失与资本积累困境

先看人口因素。威廉配第曾说："劳动是财富之父，土地是财富之母"，劳动供给对一国经济发展的重要性是不言而喻的，劳动供给的母体是人口。18 世纪工业革命之所以率先在英国掀起，一个重要的因素就是自维多利亚女王时期开始就注重刺激生育率，其人口相对于法国、意大利等国保持长期的显著增长。

富余人口和近乎无限的劳动供给是改革后中国经济发展的重要驱动力，人口红利也曾被视作整个"东亚奇迹"的关键，然而，近年来中国人口红利正趋于消失，这典型地表现在劳动年龄人口的减少上。就以 15—59 岁年龄段人口为例，按国家统计局公布的数据，其峰值出现在 2011 年，当时为 9.4 亿人，此后便开始下降，每年减幅为 350 万—550 万。劳动年龄人口减少将带来深远的经济影响，未老先富的人口结构会终结无限劳动供给的人口红利，传统增长模式将难以为继。

上述转变是生育率和预期寿命变化的共同作用结果，特别是 1983 年起实施的计划生育政策使生育率陡降。另外，随着人民生活水平的提高，预期寿命的延长更凸显了人口的非生产性特征。可以说，这是30多年累积的结果。据称，在改革早期，人口出生率下降和预期寿命延长确实是有利于经济增长的，但随着时间推移，正边际效应开始消退，负边际效应开始攀升，现在正处于交替的时间窗。① 从这个角度讲，放开生育限制势在必行。

但实践中政策效果并不尽如人意。自2015年全面放开二胎政策以来，人们的生育意愿并没有明显上升，反而有所下降，2015—2021年新生儿数量从1655万降至1062万，减少近593万，其背后的原因值得反思。正如随着生活水平提高，预期寿命会延长一样，随着经济发展水平提高，人口出生率会下降。这是人口演变的基本规律，不会因为政策调整等外部因素的作用而轻易改变其运动轨迹。

退一步讲，就算放开二胎政策能刺激生育率回升，那也“远水解不了近渴”，至少在未来十几年内，新增的新生儿尚不能加入劳动力大军中，劳动年龄人口无法得到及时抵补，劳动年龄人口占比的下降趋势很难逆转。

工资是连接人口红利和经济增长的桥梁，人口红利丧失第一时间将通过工资上涨来对传统增长模式施加压力，我们既不能反对工资增长，也无法迅速地切换经济增长模式，这大概是当今中国经济增长与发展所面临的最大困惑。

在此背景下资本积累将承受更大的压力：首先，工资上涨会侵蚀利润空间。在劳动力转移过程中工资份额呈“U”形变化趋势，即在早期劳动剩余阶段工资份额不断下降，利润份额不断上升，但随着剩余劳动力逐渐枯竭，工资份额开始上升，利润份额开始下降，投资率遭遇瓶颈。② 虽然从理论上说，工资上涨可能会倒逼产业升级，并增加利润空间，但实践中作用有限。

① 王维国等：《生育政策、人口年龄结构优化与经济增长》，《经济研究》2019年第1期。

② 常进雄等：《劳动力转移就业对经济增长、投资率及劳动收入份额的影响》，《世界经济》2019年第7期。

其次，随着老龄化程度的提高，养老压力越来越大，储蓄将减少，资本形成率下降。测算表明，未来十几年内中国资本增长率可能会从此前的10%以上降至9%左右。①

（二）全要素生产率受多方因素制约

党的十九大报告指出我国经济已由高速增长阶段转向高质量发展阶段，这一过程经济增速适当回落是意料之中的，提高经济发展质量才是核心，高质量发展的关键是全要素生产率的提升。

毋庸置疑，改革后中国全要素生产率的快速提升在很大程度上得益于模仿性技术创新，特别是加入世贸组织后深度嵌入全球产业链分工体系使我们能直接从巨大的技术落差中摘取"低垂果实"。但近年来这种后发技术优势开始遭遇挑战：首先，随着多年的模仿，中外技术落差已经越来越小，某些领域甚至已领先于世界，模仿性技术创新的边际收益越来越小，摘取"高悬果实"的难度肯定比"低垂果实"大。② 其次，逆全球化的干扰，以美国为代表的发达国家试图对中国进行技术封锁和遏制，中兴被调查、华为遭抵制、核心技术和元器件对华禁运，这些事件的技术影响不可小觑。

当然，在开放经济背景下中国不仅可以通过吸引FDI来摘取外国技术果实，也可以通过OFDI来实现。近年来美国一再宣称中国通过海外投资窃取核心技术，但实际如何呢？沈春苗、郑江淮基于2003—2015年中国对29个OECD国家OFDI数据的测算表明中国基本没有从对外投资中获得多少技术溢出效应，甚至还产生了抑制作用③，究其原因：一是国内产能过剩

① 刘伟、范欣：《中国发展仍处于重要战略机遇期——中国潜在经济增长率与增长跨越》，《管理世界》2019年第1期。

② 戴翔、张二震：《逆全球化与中国开放发展道路再思考》，《经济学家》2018年第1期。

③ 沈春苗、郑江淮：《中国企业"走出去"获得发达国家核心技术了吗？——基于技能偏向性技术进步视角的分析》，《金融研究》2019年第1期。

和技术吸收能力不足；二是我们在全球价值链中的低端锁定以及发达国家的技术封锁。

不管“引进来”还是“走出去”，如果一味地跟在发达国家后面搞模仿性技术创新，终将陷入“模仿陷阱”。如果没有国家干预，单凭市场力量来模仿发达国家技术，是很难跳出“模仿陷阱”的，终极解决之道还是要走向自主创新。但这条道路并不那么容易成功，它有很多前提条件，比如基础研发补贴、产权保护制度、资本积累机制等，一个条件跟不上，就可能又会陷入“转型陷阱”。近年来中国技术进步可能正处于这样一个十字路口。一般认为，这个困惑点出现在2008年金融危机前后，模仿性技术创新的收益大幅收窄，原发性技术创新尚未显现。

垄断也是妨碍全要素生产率提升的一个重要因素。研究表明，竞争可以加速低效率企业收缩和高效率企业扩张，这种创造性破坏过程通常表现为企业更替和产业重组，它们能极大地推动微观层面全要素生产率的提升，但现实中诸多领域特别是国计民生部门垄断现象还比较严重，行政管制限制了竞争。

全要素生产率的另一制约因素是结构转型。按理说，结构转型一般是有利于提高生产率的，但它有个前提，那就是生产要素从低效率部门转向高效率部门。正如从改革初生产要素从农业部门流向工业部门，这时对应的是结构红利，它是改革后中国经济高速增长的一个重要源泉。但近年来结构转型走向了另一方向，国民经济重心开始从第二产业转向第三产业，而第三产业又以餐饮、住宿、旅游、零售等传统服务业为主，其生产率比第二产业生产率低，要素的反向流动会拉低整个经济的全要素生产率，并带来结构性减速。

综上，不管是劳动要素还是资本要素，抑或全要素生产率，现在都遭遇瓶颈，并使潜在增长率步入下行轨道。据估测，“十四五”时期潜在增长率很可能会回落至 5.5%左右。①

二、经济运行的不确定性加剧

如果说趋势性因素是决定一国经济基本面的决定性因素的话，那么，短期内经济运行还可能会受到一些扰动因素的侵袭并暂时偏离趋势性轨道。近年来中国经济遭受扰动的频率似乎加快，中美贸易摩擦、消费遭遇严冬、新冠肺炎疫情暴发等接踵而至，它们与长期趋势性因素叠加，对中国经济构成了复合型压力。

（一）逆全球化与外部环境的不确定性

自 2008 年金融危机爆发以来新一轮贸易保护主义有所抬头，它以“反自由贸易、反一体化”为特征，在一定程度上引发了逆全球化浪潮，其中尤以美国为急先锋，它们通过加征关税、发起知识产权诉讼等手段对中国不断施压。虽然 2019 年年底中美签订了第一阶段的贸易协议，贸易摩擦似有暂时缓和的迹象，但长期来看仍充满巨大的不确定性，它所带来的影响是全方位的。

这首先反映在贸易上。自 2018 年新一轮中美贸易摩擦掀起以来，中国同美国进出口总额降幅明显，已经由 2018 年的 6335.19 亿美元降至 2020 年的 5869.80 亿美元。多年来美国一直是中国第二大贸易伙伴国，2019 年已被东盟取代，沦为第三。但就贸易顺差而言，美国的地位是难以撼动的，

① 陆旸、蔡昉：《从人口红利到改革红利：基于中国潜在增长率的模拟》，《世界经济》2016 年第 1 期。

2020年中国对美贸易顺差为3164.78亿美元，占贸易顺差总额的比例高达60%。我们知道，决定一国需求的外贸变量是净出口即顺差，而不是进出口总量，这个角度讲，如果中美经贸摩擦进一步升级，对中国需求端的冲击将非常大，这很难通过东盟等贸易伙伴来弥补。

进一步，贸易冲击还会传导到就业上。研究表明，如果不采取竞争性贬值等对冲措施，中国可能会损失300万左右的就业岗位。虽然从总量上看不是很大，但它若在某一时点、某一地区、某一行业突然引爆失业风险，威力还是不小的，这也是现在最要防止出现的情况。①

其次，美国肆意的单边行动不仅冲击贸易总量，还会影响贸易结构，因为它会加剧未来的不确定性，而当面临高度不确定的外贸环境时，基于对风险和利润的权衡，出口企业更倾向于选择加工贸易而非一般出口贸易，盈利能力由此降低。

逆全球化不仅会冲击贸易，还会影响到跨国投资和国际资本流动。

就以“一带一路”倡议为例，自2013年以来我国企业“走出去”的步伐越来越快，对外直接投资规模也越来越大，但这两年在逆全球化思潮的冲击下，对“一带一路”沿线国家的投资风险正在不断加剧。

逆全球化也会使国际资本如惊弓之鸟，在国与国之间频繁流动，顺周期特征越发明显：在经济过热时期加剧过热；萧条时期则加剧萧条，并引发金融动荡。过去几年里中国经济遭遇了一些困难，逆全球化鼓动这些资本逃离中国，加剧了中国经济的波动。对此应在宏观层面构建跨境资本流动的管理机制，利用逆周期调节工具合理引导市场预期，对冲逆全球化的负面影响。

最后，逆全球化会遏制中国的产业链升级。改革开放40多年来，中国

---

① 丁守海：《结构大变革时期中国就业的新现象、新规律、新趋势》，中国人民大学中国宏观经济论坛2019年三季度主报告。

工业竞争力已从传统的价格优势转向规模优势，当前又要从规模优势转向创新优势。逆全球化就是要遏制这一进程，打压中国在全球产业链分工体系中的地位，挤压中国的输入型供应链。如何突破逆全球化的藩篱，顺利完成上述转变，是“十四五”时期中国工业部门面临的一个重大课题。

对于逆全球化有人主张通过反制来惩戒对方、保护自己，但这样做未必理性，长期来看，它会对宏观经济造成严重的负面效应，中国不应以牙还牙，而应尽量通过国际协调机制来化解分歧。

（二）汇率波动

2019 年中国经历了较大的人民币贬值压力，特别是 8 月，美元兑人民币汇率“破七”。汇率贬值虽有利于促进本国出口，但不利于经济主体形成稳定的预期，进而损害国际间的要素流动，特别是国际直接投资。人民币贬值还会导致输入型通胀的压力，尤其是，它对资本密集型进口产品的价格传递效应更大。2020 年后美元对人民币汇率持续下降，2021 年年底，人民币全年的平均汇率为 6.45，较上年提升 6.92%，2021 年年底中国外汇交易中心口径人民币汇率指数收在 102.47，为过去六年来最高，较上年末上涨 8.1%，人民币汇率继续走强。

有观点认为，近年来人民币汇率波动幅度之所以较大，一个重要原因是政府“默许”。早年中国采取盯住美元的汇率制度，以显示其维护经济稳定及低通胀政策的决心，但随着中国参与国际贸易程度的不断提升，需要不断放开汇率调整的空间以调节贸易平衡，并辅以资本管制来保证货币政策和汇率政策的独立性。在这一过程中，中国将收获更高的福利①，因此人民币汇率贬值似有人为的痕迹。但从根本上说，汇率波动还是由一国实际经济

① 恩格尔：《关于国际资本流动管理和汇率制度的几点思考》，《经济学》（季刊）2019 年第 1 期。

因素决定的，其中，生产率的作用尤为明显。根据经典的巴拉萨-萨缪尔森模型，贸易品部门生产率提升将导致本部门工资上涨，在劳动力自由流动的条件下，非贸易品部门工资也将随之上涨，而非贸易品部门的生产率变化较慢，这会导致非贸易品部门相对于贸易品部门价格上涨，即实际汇率上升。从这个角度讲，近年来我国汇率波动也可能是出口部门生产率提升缓慢的结果。

在人民币国际化不断推进的背景下，不管升值还是贬值，汇率大幅波动都会带来不良影响，加剧对外经济活动的不确定性。为避免之，我们需加强汇率预测并采取有效的对冲措施。

（三）食品价格波动

2018 年 8 月初，辽宁省发现第一例非洲猪瘟疫情，该病毒具有高传染性和高致死率，疫情迅速蔓延至全国，导致大量生猪死亡或被扑杀。一时间猪肉供给出现巨大缺口，价格暴涨，8 月同比涨幅达到 46.7%，9 月则直冲 69.3%。2021 年以来，猪肉价格下跌明显，有研究指出新一轮上升周期可能要等到 2023 年上半年。[①] 相对于玉米、大豆、稻谷、小麦等大宗农产品来说，猪肉价格处于国民经济价格传导链的末端，猪肉价格上涨加大了宏观调控的难度，也冲击了居民消费。

当然，肉价波动未必完全是非洲猪瘟造成的，它是多种因素综合作用的结果，涉及国内外、供给端和需求端等多种因素，随着中国逐步融入世界经济循环体系，国际肉价的上涨也会对国内肉价造成明显冲击。另外，汇率及国内流动性也会对肉价造成显著的影响。

与猪肉价格上涨相伴，2019 年中国出现了较大的通胀压力。8 月猪肉

---

① 光明网：《猪价下跌何时结束？专家：新一轮周期或等到 2023 年上半年》，2022 年 1 月 25 日，https://m.gmw.cn/baijia/2022-01/25/1302779002.html。

价格猛涨之后，CPI 指数开始抬头，此前一直在 2. 8%以下，9 月达到 3%，10 月猛升至 3. 8%，11—12 月则达到 4. 5%。但这一定意味着通胀吗？有人提出了质疑，并抛出所谓的“拿掉猪以后只剩通缩”的观点。[①] 为什么会出现这种情况？主要还是在于中国 CPI 指数的构成有偏差：肉类价格权重太大，消费价格上涨结构性特征太明显。另外，CPI 指数的抽样比例、权重及调整周期不合理。总之，猪肉价格上涨与通胀之间还隔着一条巨大的鸿沟。

多年来中国通胀呈较明显的惯性特征，有人研究发现，这种惯性主要来自食品价格的惯性，非食品价格的惯性则不甚明显。而食品价格的惯性过去主要是来自粮食价格的惯性，现在则是粮食价格和生猪价格并重，因此，在制定货币政策时要兼顾二者的波动趋势。

（四）消费遭遇严冬

汽车和手机是当今中国最具代表性的两大消费品，近年来它们均遭遇了严峻的困境，对国民经济运行造成较大影响。

就以汽车为例，自 2018 年年底开始销量出现绝对下降，2019 年全年降幅为 8. 2%，自 2021 年 7 月起，汽车销售月度同比持续下降，2021 年 12 月达到惊人的-26. 9%，整个行业几乎被冻结。再以智能手机为例，困局大约始于 2017 年 5 月，2018 年达到非常严重的状态，当年 3 月出货量累计同比减少 27%，至 2019 年虽然有 5G 等概念助力，全年出货量仍同比下降 4. 7%，2020 年全年仅 4 月实现正向增长，其他月份绝对数量均下跌。以华为为代表的手机厂商遭遇极大困境。

行业困境必然会传导到就业上。光汽车产业就集中了约 460 万就业人口，2019 年的困境可能导致该行业近 50 万人失业。这些行业之所

---

① 任泽平：《拿掉猪以后都是通缩，该降息了》，《金融界》2019 年 9 月 11 日。

以遭遇如此困境有一个共同原因，那就是居民杠杆率急速攀升限制了居民消费能力。2016 年房价快速上涨使居民杠杆率迅速越过 40%，现在已逼近 60%的国际警戒线，与欧元区及日本相近。但与这些发达经济体相比，我国社保体系还很不完善，在背负高额债务的时候，居民不敢敞开花钱。

除汽车、手机行业外，其他行业的消费也同样不景气，这典型地反映在社会消费品零售总额的变化趋势上：2015 年之前社会消费品零售总额同比增速尚能维持在 10%以上，此后便快速回落，2019 年只有 6%，2020 年社会消费品零售总额同比下降 3.93%。社会消费品零售总额的转折点大约出现在 2016 年，而这一年也恰是房价快速上涨的一年，这似乎也佐证了房价对消费的挤占效应。

消费不振可能还有另外两个深层次原因：一是居民可支配收入增速放缓。2019 年城镇居民人均可支配实际收入同比增速只有 5%，远低于当年 GDP 增速。二是收入分配结构不合理。经典的消费理论认为，相对于高收入阶层来说，低收入阶层的边际消费倾向越大，收入分配差距越大，对消费扩张越不利。

今天消费还面临另一结构性问题，即政府消费强、居民消费弱，而政府消费占比过高不利于打造经济发展的内生动力，不利于经济的可持续发展。更何况，近年来政府消费乘数已越来越小，对经济增长的刺激作用有所削弱，它对市场的扭曲作用却不断凸显，所以，刺激消费终究还是要落实到居民消费上。

（五）重大突发公共卫生事件频发

2019 年年底以来新冠疫情暴发，国民经济与社会运行受到巨大冲击。2020 年一季度 GDP 增速陡降至-6.9%，这是改革开放以来所没有过的。

梳理一下近20年来的经济事实就会发现,重大突发公共卫生事件袭击中国的频率越来越快,几乎每隔几年就爆发一次,如2003年SARS、2004年禽流感、2009年甲型H1N1流感,直至此次的新冠肺炎,等等。

相较于以前,今天重大突发公共卫生事件对经济运行的影响更大,这主要有两个方面原因:

首先是经济体量和产业结构已发生剧变。就以新冠疫情和SARS的比较为例,2003年中国GDP尚不足14万亿元,现在已接近百万亿元。同样一个百分点的GDP降幅,对应的GDP绝对量相差数万亿元。另外,重大突发公共卫生事件对服务业的冲击程度一般要大于其他行业,2003年服务业的GDP占比只有42.04%,现在已达54%,所以相较于SARS,此次新冠肺炎疫情必然会产生更大的破坏性。

其次,中国现在所处的发展阶段不同。2003年中国正处于强劲的上升通道,一般来讲,在上升通道中扰动因素容易被稀释掉,所以,2003年SARS疫情一过,消费就立即报复性反弹,经济也出现“V”字型的反转趋势,全年经济增速几乎没有受到明显影响。但现在中国正处于结构转型的关键时期,经济正处于下行通道,对扰动因素的冲击更敏感,它容易与其他因素叠加,形成复合型冲击。一个典型的例子就是新冠肺炎疫情就与逆全球化产生共振效应,影响被放大。

三、破解结构性矛盾,提高发展质量

提高经济发展质量的一个重要内涵就是结构高级化,目前我国经济运行中仍存在诸多的结构性矛盾,与高质量发展的要求相距甚远。

(一)矫正要素配置扭曲

1. 消缓土地饥渴症

随着工业化、城市化的推进,土地消耗很大,造成耕地面积一度急剧减少,2001—2008 年从 19.14 亿亩降至 18.26 亿亩,减少了近 1 亿亩。此后,随着土地增减挂钩等相关政策的出台,耕地面积才逐渐恢复,2021 年发布的第三次国土调查数据显示我国耕地面积达 19.179 亿亩。但这并不意味着土地消耗的减少,只是复耕后农村宅基地的抵补作用而已,土地增减挂钩政策不仅没有阻止土地消耗冲动,反而滋生土地资源丰富的认识误区。

土地饥渴源于价格扭曲。地方政府为了招商引资,故意压低建设用地的价格,再通过抬高住宅用地的价格进行补贴。住宅价格上涨很大一部分是源于建设用地成本的转嫁,地方政府在这一过程中两头受益:一边通过住宅土地出让获得巨大财政收入;一边通过招商引资获得发展。低地价却引导企业过多依赖土地扩张来谋取粗放式发展,不利于转型升级。低效率的企业也可以凭借早期的土地囤积而继续生存,退出机制不畅,这会在一定程度上抵消供给侧结构性改革的成效。

政府之所以能压低建设用地的价格,一个重要原因就是城乡土地产权制度的差异。我国土地分国有和集体两种产权性质,农村土地属集体性质,只有使用权,没有处置权和交易权,只有变更为国有性质才能上市交易。在这一过程中,政府可以通过压低集体土地的收购价来为降低建设用地成本创造条件。所以,要解决土地配置失衡的问题,就必须赋予农村土地以完整的产权,在市场化改革中逐步恢复土地的价格生成功能,发挥它在资源配置中的调节作用。

2. 遏制资本脱实向虚

近年来随着实体部门收益率的下降，经济资源更多地流向金融部门，进一步加剧实体部门的困境。实体部门与虚拟部门的资源错配已引起社会各界和决策层的高度关注。金融供给侧改革就是要力求破解这一问题。

2019 年我国深化减税改革，从理论上说，这一举措应该能提高实体经济的回报率，引导资金理性回归实体部门。徐超、庞保庆、张充以上市公司为例验证了这种可能性。他们发现，增值税改革所引起的税负下降明显对制造业金融化起到遏制作用，企业不仅加大固定资产投资还加大研发投入，这一效应在那些融资约束小的企业中更明显。①

在货币政策方面，近年来我国推动市场利率化改革，放松对贷款利率上下限的管制，如果应用得好，应该能有效降低企业的债务成本，缩小实体部门与金融部门的利差并遏制实体部门的金融化倾向。进一步，要遏制经济脱实向虚，需要实施混合型货币政策，将数量规则和利率规则结合起来，既能弱化抵御约束机制对经济周期的放大效应，也能遏制房价上涨和信贷扩张，引导经济脱虚向实。

3. 人力资源错配

这主要表现在两个方面：

首先，只注重人力资源的数量优势而忽视质量建设。企业长期依赖廉价劳动力的投入来谋求低质量发展，劳动者的素质和技能没有得到应有提升。直至目前，我国 70% 以上的劳动者只受过初中或初中以下教育，这无法满足高质量发展对人才的要求。随着人口红利的消失，数量型优势终将走进“死胡同”，中国将面临开发二次人口红利的艰巨任务，能否将人力资源数量型优势转换成质量型优势，对未来产业升级至关重要。

---

① 徐超等：《降低实体税负能否遏制制造业企业脱实向虚》，《统计研究》2019 年第 6 期。

其次,即便高质量的人力资本也存在产业间错配的现象。名校毕业生纷纷选择金融行业工作,不愿到实业部门工作,导致优质研发人员、技术人员和生产人员缺乏。制造业是立国根本,优秀人才不愿到制造业部门工作是一个不正常的现象,于国力提升不利。造成这一现象的主要原因是薪酬倒置。就以2020年城镇单位就业人员平均工资为例,金融行业为13.33万元,制造业只有8.28万元,后者比前者低约38%,导致人力资本"脱实向虚"。对此,政府应通过多种手段来提高实体部门的人力资本收益,同时打破金融行业的进入壁垒,降低其不合理的工资,引导优质人才流向创新部门,促进经济长远发展。

(二)打破产业结构低端锁定

当前中国正处于工业化的中后期阶段,同时也处于跨越中等收入陷阱的关键阶段。放眼全球,要成功实现这一跨越,必须依赖产业结构高级化来实现。

产业升级的主旨是打破对比较优势的路径依赖,通过技术创新推动第二产业和第三产业的结构化,提高产品或服务的技术含量和附加值。产业升级的另一层含义是在各产业内部发展新型产业链,新型产业链的主要特征是功能升级,即从过去的单一功能转向复合功能,比如从生产功能转向兼具服务功能。

打造复合型产业链的一个典型例子是制造业和信息技术的融合,利用信息技术改造传统工业。在这一过程中没有现代服务业是不可能完成这一工作的。但今天中国服务业还比较落后,服务业占GDP的比重刚刚过半,不仅远低于发达国家的平均水平,甚至还低于巴西、印度、墨西哥等发展水平不如我们的国家。进一步,服务业又以生活服务业为主,生产服务业占比不高,现代生产服务业占比更低。促进服务业发展和升级,大力发展现代生产服务业，是当前面临的一项迫切任务。

产业升级不仅要发展新兴产业和新型产业链，更要构建新的产业生态。随着互联网、大数据、人工智能、物联网等技术的发展，价值链驱动机制已发生重大变化，新旧产业完全可以借助于平台经济实现融合，打造新的生态系统，就以大数据为例，它将技术流、资金流、信息流有效整合起来，形成新的增长点。

产业升级与技术创新不可分割，推动产业升级与促进技术创新是一个话题的两个视角。如何促进技术创新？一般认为，它与制度供给有着密切的关系，好的制度供给是激发创新的温床。20 世纪 80 年代美国供给侧改革从本质说上就是为新一轮技术创新提供制度供给。今天各级政府要从竞争型政府转向服务型政府，绩效评价体系从经济增长转向创新引领。政府要划清与市场的角色边界，企业是创新主体，政府不能越俎代庖。制度供给的一个重要维度是保护竞争，创造公平的市场环境，这种公平不仅包括狭义上的同业竞争公平，更包括对创新者的回报公平，比如，通过专利法保护创新者的应得收益，降低外部性。

今天技术创新越来越复杂，单纯依赖某一主体已很难胜任，政府应着力构建协同创新机制。现代技术创新很多都肇始于军事领域，再逐渐渗透到民用部门，信息技术、新材料、航空技术等都发端于美国“星球大战”计划。在技术扩散过程中，军事部门和民用部门的衔接很重要，政府在这一方面应有所作为。

（三）优化区域结构

一直以来，东、中、西等地区存在较大的发展差异，特别是在 20 世纪之前，区域经济发展以非均衡为主导，东部地区经济增速普遍高于中西部地区，自 20 世纪后中西部地区增速渐超东部地区，区域经济协调度也有所提高，但这并不代表区域差距真的缩小了。区域发展差距的根源还是技术条件，而在技术进步的转型期，落后地区可能会有一段追赶小高潮，但随后区域差距还会扩大。只有当技术进步完全转向自主创新后，区域差距才会真正缩小。但这需要一个漫长的过程，现在应该还不具备。①

历史中每一次产业结构重大变迁之初，区域差异都会扩大，但随着时间推移差距会缩小，但当下次产业结构重大变迁来临时，区域差异会再次扩大。② 对应到中国的实践，改革后工业化进程曾使东、中、西地区的差距扩大，随着工业化进入中后期阶段，区域差异开始缩小，但当下正在开启的服务业化大幕可能会再次拉大区域差距。这提醒我们，当产业结构沿着配第-克拉克路径向前推进时不要奢望区域差异能一蹴而就地解决。

在“四大板块”中，现在东北问题最突出，近年来东北经济失速引起广泛关注，被称为“新东北现象”。资源型城市或老工业基地的通病是市场化程度低、非公经济发展滞后、产业结构单一，这会进一步加剧它们对宏观冲击的敏感性，通货紧缩、金融冲击、政府债务都可能会触发经济崩塌。

法国经济学家佩鲁曾指出，绝对的平衡发展是不可能的，它只能是相对的。在区域平衡发展过程中有两个因素非常重要：一是产业转移；二是增长极。

首先看产业转移，区域平衡发展不能搞落后地区的单独冒进，各地应在大国雁阵模式下有序地传递衔接，保持一个合理的产业梯度。具体地，东部地区率先发展先进制造业和现代服务业，实现产业升级；中部地区依托市场力量承接东部转移产业；西部地区依托财政投资重点发展资源型产业。这种梯度落差既能避免产业同构所带来的地区间恶性竞争，也能延长结构红

① 唐兆涵：《我国经济增长与区域不平衡发展结构的关系与演变——基于技术进步方式转型视角的研究》，《当代经济管理》2019 年第 12 期。

② 汪晨等：《区域差异与结构变迁：1978—2016》，《管理世界》2019 年第 6 期。

利的时效,避免一窝蜂的去工业化所可能带来的结构性减速压力。

增长极对加快落后地区发展很重要,它与产业集聚密切相连,中西部地区可以凭借某种优势培育增长极,发挥它对周边地区的辐射效应。

当然,上述过程还需要建立良好的区域协调机制,打破“诸侯经济”思维,既要扫清市场整合的障碍,更要拆除产业分工的藩篱。

(四)优化城乡结构

改造城乡二元结构是社会结构转型的关键。新中国成立 70 多年以来,城乡结构转变经历了三个阶段,即二元结构的固化、松动及统筹。现在正从第二阶段向第三阶段迈进,城乡差距有所缩小,但尚未根除。

现在城乡融合面临最大的问题还是制度供给不足,特别是土地制度的不足。农村土地产权残缺使集体经济利益受损,农民不能充分分享发展的红利。只有让农村土地享受与国有土地相同的产权,才能为城乡融合发展提供坚实的保障。

户籍制度是造成二元结构的另一重要因素,好在近年来各地逐步放开了对城市户籍的限制,力促农民市民化。三线以下城市的落户门槛已越来越低,但一、二线城市还比较高。户籍门槛与城市规模、公共服务等密切相关。如何加快这些城市的户籍制度改革,是一个重要的议题,因为中心城市具有强大的虹吸效应,本应吸纳大量的转移劳动力就业。户籍藩篱毫无疑问会阻碍这一进程。

今天随着互联网、大数据、人工智能等新技术的发展,城乡统筹可能会找到新的发力点。就以电子商务为例,它不仅能促进工业品下乡,也能提高农产品的上行效率。电子商务向农村渗透可以提高城乡间的流通效率。再以人工智能为例,自动识别需要收集、录入大量的原始图片,高科技公司完全可以把这些重复性大、技术含量低的工作交给农村劳动力来完成,既能降低成本，也有利于农民增收。

技术牵动城乡统筹的另一例子就是高铁。2011 年京沪高铁开通，自此中国进入高铁时代，经济大地理也随之发生重大改变，商品和要素的城乡流动加快，劳动力转移变得更便捷。

今天城乡融合要找到新的载体，它要因地制宜，比如在旅游资源丰富的地区可以发展特色小镇。它不像产业园那样功能单一，而是集生产、生活、生态等多维度功能于一体，符合产业升级和新型城镇化的要求。当然，各地禀赋条件有别，在推动城乡融合发展的路径上也要体现区域特色。

最后是教育问题。教育是人力资本中最基础的构成要素，城乡均衡发展一定要求教育均衡发展，否则，就会出现人力资本不平衡的代际转移，并进一步引发贫穷的代际转移，加大城乡鸿沟。

四、底线思维与风险防控并重，宏观调控面临新挑战

经济下行压力与结构性矛盾并存使宏观调控面临更大的挑战，我们应始终坚持科学发展观，在现代化建设中，必须从中国的实际出发，不能照抄照搬别国经验、别国模式，应“找到自己的一条适合中国的路线”①，这就要求我们既要坚持底线思维，保证经济不失速，也不能搞“大水漫灌”，以结构恶化和风险升级为代价来追求增长。前者的长期危害远大于短期的经济下滑，更难治理。

① 《建国以来毛泽东文稿》第 9 册，中央文献出版社 1996 年版，第 213 页。

（一）政策组合的新命题

财政政策和货币政策是调控的"两个轮子"，配合是否合理对调控效果很重要。改革以来财政政策多偏主动，货币政策则多偏被动，这符合西方经济学的逻辑，毕竟，萧条周期中财政政策的刺激效果更直接；繁荣周期中货币政策控制物价的效果更明显。但随着时间推移，这种组合模式的效果未必不理想，特别是在应对经济下滑方面，刺激效应呈递减趋势，负面效果则越发明显。人们对扩张型政策越来越谨慎，因为要达到同样的刺激效果，须付出更大的代价。

但要实现国民经济与社会发展的基本目标，仍要保持必要的经济增速。就以 2020 年为例，如果经济增速低于 4.5%，难保就业无虞。随着新冠肺炎疫情的暴发，形势已非常严峻，现在最紧要的任务就是防失速、保就业。继 2018 年 7 月中央提出"六稳"目标后，2020 年 4 月 17 日中央再提"六保"目标。不管"六稳"还是"六保"，就业目标都是排第一位的，背后仍是保增长。由于政策效应递减，传统的松紧组合或微调手段可能都不足以应对，以至要重回"双松"的轨道：一方面，财政政策还要加力提效，甚至允许财政赤字突破 3%的国际警戒线；另一方面，货币政策也要更加有为，一改过去稳健的风格而变得更加灵活。

在这一过程中还要考虑政策间的交互影响。就以货币政策对财政政策的影响为例，政府购买、政府投资、税收等财政工具的乘数效应会随货币政策的变化而变化，主要原因在于这些财政工具对私人资本的挤出强度在不同的货币政策下有较大区别。[①]

纵览改革以来的政策组合，从双松、双紧到松紧结合，再到松稳结合，组合越来越灵活，挑战也越来越大，目标间的冲突越来越明显。近年来央行和

---

① 卞志村等：《货币政策调控框架转型、财政乘数非线性变动与新时代财政工具选择》，《经济研究》2019 年第 9 期。

财政部经常互怼就说明这一点。这也决定了在不同的调控背景下，调控目标不同，合意的组合模式也不同：在萧条周期，目标是盯住增长率，财政政策会更活跃；一旦财政赤字积累到一定高度，防风险成为新的目标，货币政策的作用就凸显出来，它以盯住债务杠杆率为己任。中国现在大体就兼具二者特征，既要盯住增长率，又要盯住杠杆率，进退两难。

这又涉及另一话题，即宏观审慎与财政政策、货币政策的配合问题。目前人们考虑更多的是货币政策与宏观审慎的配合问题，而很少考虑财政政策与宏观审慎的配合问题。这个问题在大规模刺激计划出台之前应该厘清。

毋庸置疑，今后一段时间，无论实体经济还是虚拟经济部门风险都在加剧，保增长与防风险的任务非常艰巨，货币政策与宏观审慎之间的配合也越发重要。当经济面临需求冲击时，二者相互促进；当面临供给冲击时，又相互冲突。新冠肺炎疫情使经济既面临需求端的冲击也面临供给端的冲击，这加大了货币政策工具的制定难度。就以利率政策为例，它不仅要遵从泰勒模型等传统规则的要求，更要融入审慎因素的考量。

（二）避免矫枉过正

现在回到微调的话题上，多年来中国调控政策都不是微调的，而是矫枉过正。就以财政政策为例，用力过猛所带来的危害在2008年四万亿元投资计划中表现得淋漓尽致。为什么就不能“悠着点”呢？主要还是在于财政政策挤出效应造成的恶性循环：扩张型财政政策导致资产价格上涨，挤占消费，引发通缩，而政府视通缩如洪水猛兽，试图通过进一步的刺激来遏制通缩，于是不断加码。

矫枉过正可能使财政政策失去逆周期的特征，而熨平经济周期恰是财政政策最核心的使命，它不应推波助澜。但近年来财政政策已呈某种顺周期特点,这应引起警惕。

在开放经济环境下过猛的财政政策更会带来一系列的连锁反应,比如,政府投资会导致经常项目赤字和实际汇率升值,不仅影响出口,更会冲击消费。

财政政策过猛会引发地方政府对土地财政的依赖,热衷于推高地价和房价,绑架公共政策,或拿土地做抵押,过度融资,加剧资产泡沫和地方债务风险。若放任下去,可能会触发"明斯基"窗口,引发系统性金融风险。在财政纵向失衡的情况下,地方政府财权与事权缺口越大,上述扭曲效应越明显。

至于货币政策,也同样存在用力过猛的问题。自 2008 年金融危机以来量化宽松政策在全世界大行其道。2020 年 3 月为应对新冠肺炎疫情的冲击,美联储更是一次性把联邦基准利率降到零,实行无限制量化宽松政策,举世震惊。量化宽松政策之所以被广泛接受,有一个很重要的逻辑自洽,那就是所谓的现代货币理论(MMT)。它发端于 20 世纪 90 年代,是非主流经济学的一个分支,它一反弗里德曼传统,抛出一些新的观点,比如政府发债无约束,零利率是合理的,扩张型政策不会导致通胀等。科学地辨别其中的是非,有益于国内货币政策的制定。

就中国而言,这些年来货币政策名义上是稳健、中性的,但实际多为偏宽松,也有矫枉过正的嫌疑,流动性过剩就是一个典型的例证。其中一个重要原因就是货币政策的传导机制不畅,似乎只有加大"剂量",才有"疗效"。信息不对称等多种因素使资金供求两端难以有效对接,企业融资难问题得不到有效解决,即便释放出大量货币也难以流入到需求端,而只能淤积在供给端。2019 年中央提出金融供给侧改革,本意就是要解决这一问题。

货币政策传导机制不畅会弱化它对经济增长的刺激功能,并加剧通胀风险,因此在下行周期货币政策不宜承担过多的刺激任务。

与货币政策传导机制不畅相伴随的另一问题是资源错配:该得到政策扶持的部门没有得到,不该得到的部门却得到了。一些民企投资效率高,却拿不到贷款;另一些低效率的国企却拿着用不完的贷款去搞重复投资,助长产能过剩。

总之,不管财政政策还是货币政策最好能保持稳定的政策取向,以便公众能形成稳定的预期,矫枉过正会带来后续政策的大幅波动,不仅成本高,不确定性也会加剧,弊多利少。

五、结　语

2019 年以来中国经济经历了异常严峻的考验,长期趋势性因素与短期扰动因素交织,对国民经济与社会运行施加复合压力。就长期因素来说,最大的困扰就是传统发展模式所依仗的人口红利正在趋于消失;全要素生产率受到多方制约而难以腾飞,在二者的综合作用下潜在增长率不断下移。就短期因素来说,中美贸易摩擦升级、汇率大幅波动、食品价格波动、消费遭遇严冬、新冠疫情暴发等轮番侵扰,突发事件扰动的频率正在加大,经济运行的不确定性加剧。

现在既要保证必要的经济增速,更要破解结构性矛盾,提高发展质量,难度可想而知:(1)纠正要素配置的扭曲。通过优化价格生成机制,遏制土地饥渴症和资金脱实向虚。(2)通过制度创新引领科技创新,为产业升级创造条件。(3)在大国雁阵模式下塑造地区间产业梯度,通过区域差异来延续结构性红利。(4)从制度供给侧入手为缩小城乡差距提供根本保障,让农民分享发展的红利。

在此背景下宏观调控面临更大挑战，它要在底限思维中融入更多的风险因素和结构性因素的考量。财政政策、货币政策、宏观审慎之间的配合模式尤其重要，传统的“积极财政政策+稳健货币政策”的组合模式已不足以应对，政策工具要轮番盯住增长率、杠杆率、通胀率、汇率等指标。调控政策必须在结构性供给侧改革的框架内推动，辅以预期管理，并突出预调、微调的特点。单就财政政策和货币政策而言，要防止“大水漫灌”和矫枉过正，其危害在2008年刺激计划中已被足够领教过。最后，在更高层次更加积极地推动开放。改革开放以来，但凡中国经济遇到困难都会以更开放的姿态融入世界经济体系，这次也不例外。

第七讲　开发区建设在中国经济中的作用[①]

虞义华

现任中国人民大学应用经济学院区域与城市经济研究所所长、国家发展与战略研究院研究员，中国区域科学协会理事

开发区是我国改革开放的成功实践，对促进体制改革、改善投资环境、引导产业集聚、发展开放型经济发挥了不可替代的作用。最明显的是，开发区自成立以来就成为我国经济发展的重要推动力，如2006年开发区贡献了中国15%的GDP和超过50%的商品出口。但实践发展永无止境，矛盾运动永无止境，经过初期的迅速发展，开发区经济的强劲增长趋势开始衰减，增长率逐渐与全国趋同，数量过多、布局不合理、主导产业不突出等一系列问题也暴露了出来。2017年2月国务院印发的《关于促进开发区改革和创新发展的若干意见》和2020年7月国务院印发的《关于促进国家高新技术产业开发区高质量发展的若干意见》都对开发区建设提出了新时代的要求和目标，在我

① 本讲引用英文文献不单独作注，文后附英文参考文献目录，以供读者查阅。

国进入第二个百年奋斗目标——全面建成社会主义现代化强国的新阶段，开发区作为重要的产业政策，还面临更多的问题与任务。那么，如何在新的发展格局下解决这些问题，更好地发挥开发区在稳增长、调结构、促发展中的带动作用？客观审视开发区以往的成效，从多个维度深入探讨其作用机制，将对回答这一问题提供思路，并给未来的开发区建设带来启发。

以往的研究中，较少有学者从空间的角度考虑开发区的政策效果。《关于促进国家高新技术产业开发区高质量发展的若干意见》指出，要以习近平新时代中国特色社会主义思想为指导，牢固树立新发展理念，围绕产业链部署创新链，围绕创新链布局产业链，培育发展新动能，强调了要将坚持合理布局、示范带动作为基本原则之一。事实上，由于开发区是一项区域导向型政策，所以对开发区政策效果的评估必须落脚到区域经济上，同时也要注意到，开发区的政策效果还会受所在区域特征的影响。基于此，本文从空间角度丰富了开发区政策效果的研究，探讨了开发区的设立是否会影响区域经济差异，以及开发区政策效果的地理异质性和地方政府的竞争行为对开发区的影响。本文发现，开发区在短期内可以减小区域间 GDP 差异和人均 GDP 差异，但长期来看这种效果并不可持续。在地理异质性上，开发区对中西部地区的 GDP 水平推动作用更强，但对人均 GDP 的提升作用不明显；开发区在距离城市群 300 公里的范围内作用更明显。此外，开发区的设立还有利于提升城市第三产业的比重，但对城市基础设施和教育没有明显改善。

同时，已有研究大多只分析了开发区带来的效果，而较少探讨开发区建立的原因。本文则从地方政府间的标尺竞争角度分析了开发区建立的动机。标尺竞争是指因上级政府用某地方政府的作为与绩效考核评价其他地方政府，而在地方政府之间形成的相互竞争。但在信息不对称难题下，上级官员将以邻近城市的经济状况作为评估某市市长绩效的基础，因此市长会出于向上级官员展示业绩的动机建立开发区。本文使用空间计量模型发现中国的地方政府在考虑建立自己的开发区时倾向于采取策略性行动，也就是说，开发区的成立并不是出于地方经济状况的考量，而是地方政府间标尺竞争的结果。

本讲的主要框架如下。第一部分从建设进程、分类、分布和优惠政策四方面对开发区进行简要介绍；第二部分主要围绕集聚经济分析了开发区建设的理论基础，并结合中国实践进行讨论；第三部分介绍了关于开发区建设有效性的文献研究；第四部分从空间角度分析开发区的政策效果；第五部分从标尺竞争角度分析开发区的形成因素；第六部分进行总结。

一、开发区简介

事物的发展是一个过程，这是唯物辩证法关于发展的主要观点之一。作为促进经济增长、推动工业化和城镇化以及迈向对外开放的重要政策工具，开发区最先在沿海地区设立，并成为改革开放的前沿阵地。在实践中，开发区政策逐步成熟，取得了巨大成功，继而被推广到内陆地区。

（一）开发区的建设进程

1979—1983 年，试验阶段。20 世纪 70 年代后期，中国国务院批准在广东省的深圳、珠海和汕头以及福建省的厦门 4 个偏远的南部城市进行小型经济开发区试验。在 1978 年之前，中国几乎没有任何外国直接投资，对外贸易也几乎可以忽略不计。此阶段开发区的数目较少，主要在沿海地区设立，作为全国范围内贸易、税收和其他政策自由化的试验基地。

1984—1991 年，蓬勃发展。在第一批经济开发区取得初步成就后，中央政府于1984年扩大了经济开发区的试验，新增了14个可向外国投资开放的沿海城市。从1985年到1988年，中央政府将更多沿海城市纳入了经济开发区的试验中。1990年，上海浦东新区与长江流域的其他城市也被划入试验中。可以看到，此次开放浪潮的一个重要特点是选择了地理位置、工业条件和人力资本更好的城市作为试点。同时，允许外资在开发区经营，引入了竞争，倒逼着国企改革。1984—1991年建立了46个国家级开发区和20个省级开发区。从1980年到1991年，经济技术开发区的增加值平均增长率为116%，而中国整体经济同期增长了8%；与中国整体相比，开发区出口和外商直接投资分别增长了8倍和3.5倍。

1992—1999年，开发区过热。1992年邓小平南方谈话后，国务院开放了几个边境城市和内陆各省、自治区的省会城市。这一时期，全国各地建立了大量的经济开发区。为提供更好的基础设施，实现经济活动的集聚，全国范围内共设立了93个国家级开发区和466个省级开发区，形成了沿海、沿河，边界地和内陆地区整合的多层次、多元化的开放格局。但开发区的井喷式增长也带来了诸多问题，如地方政府随意圈占大量耕地和违法出让、转让土地，越权出台优惠政策，损害了农民利益和国家利益。

2000—2007年，开发区清理，向中西部扩展。从2000年开始，为缩小区域差异，国务院启动了《西部大开发战略》，这是中国第一个旨在促进西部省份经济发展的全面区域发展计划。沿海地区经济开发区的成功表明了它们在吸引投资和促进就业方面的有效性。因此，更多的开发区在内陆城市获批成立。同时期中国加入了世界贸易组织，为加快融入国际贸易格局，国内建立了越来越多的国家级出口加工区和保税区。在此阶段，出现了重复建设、布局不合理、恶性竞争等问题，政府对全国的经济开发区进行了清理和整顿。

2008年至今，产业链转移和升级。此阶段越来越强调开发区在促进技术创新、孵化高新技术企业方面的作用。开发区内经济的增长速度与全国的差距越来越小，高新技术产业开发区（HIDZ）成为中国经济增长的主要贡献者。同时在此阶段开始出现了全国范围内的产业结构转移，附加值较低的活动逐渐从东部地区转移到中西部地区，国家级开发区力争实现产业链上游占据有利地位。

（二）开发区类型

2018年由国家发展改革委、科技部、国土资源部、住房和城乡建设部、商务部、海关总署公布的《中国开发区审核公告目录》中将国家级开发区分为五类，分别是：经济技术开发区、高新技术产业开发区、海关特殊监管区、边境/跨境经济合作区、其他类型开发区。其各自的发展重点及优惠政策不同，其中经济技术开发区侧重吸引国内和境外投资，促进地区经济增长；高新技术产业开发区更侧重发展高新技术产业；海关特殊监管区设立在我国境内，主要承接国际产业转移、连接国内国际两个市场的区域，现已发展出多种形态，包括保税区、综合保税区、出口加工区、保税物流园区、跨境工业区、保税港区、自由贸易区。其他类型开发区的功能更加多样化，包括国家旅游度假区、金融贸易区、台商投资区、互市贸易区。表7-1对各种类型的开发区进行了简要介绍。

表7-1　经济开发区类型和基础特征

类型	举例	特点
经济技术开发区	苏州工业园区（1994.02）、天津经济技术开发区（1984.12）	包括经济技术开发区等产业园区，是中国政府指定的符合特殊经济政策的开发区，其主要目的是鼓励本地和海外投资
高新技术产业开发区	中关村科技园区（1988.05）、大连高新技术产业园区（1991.03）	面向出口和国内销售的高新技术行业均符合国家特殊经济政策，大部分高新技术行业得到中国科技部的认定，比如电子和信息技术、生物工程、新材料、先进制造业、航空航天、现代农业、后代能源与节能、海洋工程

续表

<table>
<tr><th colspan="2">类型</th><th>举例</th><th>特点</th></tr>
<tr><td rowspan="7">海关特殊监管区</td><td>保税区</td><td>大连保税区(1992.05)</td><td>保税区级别低于综合保税区。保税区具有进出口加工、国际贸易、仓储运输、保税仓储商品展示等功能,享有“免证、免税、保税”政策,实行“境内关外”运作方式,实行“离境退税”政策</td></tr>
<tr><td>综合保税区</td><td>北京天竺综合保税区(2008.07)</td><td>集保税区、出口加工区、保税物流区、港口的功能于一体,可以发展国际中转、配送、采购、转口贸易和出口加工等业务,实行国外货物入区保税,国内货物入区退税,区内加工产品不征收增值税,区内货物自由流通不征收增值税和消费税等政策</td></tr>
<tr><td>出口加工区</td><td>上海闵行出口加工区(2003.03)</td><td>进出保税区的进出境货物免征关税和增值税;出口和再出口产品免征增值税;出口份额不低于70%</td></tr>
<tr><td>保税物流园区</td><td>上海外高桥保税物流园区(2003.12)</td><td>经国务院批准,在保税区规划面积或者毗邻保税区的特定港区内设立的、专门发展现代国际物流业的海关特殊监管区域。将保税区的保税仓储功能和临近港口的装卸、运输功能整合起来,实现保税区与港口的一体化运作</td></tr>
<tr><td>跨境工业区</td><td>珠澳跨境工业区(2003.12)</td><td>跨境工业园区实行保税区政策,与中华人民共和国关境内的其他地区之间进出货物在税收方面实行出口加工区政策。主要功能有出口加工、保税仓储物流、国际贸易。珠澳跨境工业园区的主要政策:进口税收政策同保税区,国内入区货物退税,区内交易不征增值税、消费税</td></tr>
<tr><td>保税港区</td><td>洋山保税港区(2005.07)</td><td>保税港区叠加了保税区、出口加工区、保税物流园区乃至港口码头通关的所有政策和功能</td></tr>
<tr><td>自由贸易区</td><td>中国(上海)自由贸易区(2013.09)</td><td>自由贸易区内允许外国船舶自由进出,外国货物免税进口,取消对进口货物的配额管制,也是自由港的进一步延伸。自由贸易区除了具有自由港的大部分特点外,还可以吸引外资设厂,发展出口加工企业,允许和鼓励外资设立大的商业企业、金融机构等促进区内经济综合、全面发展。生产中使用的原材料、零部件、包装和消耗材料完全保税;过境业务免征关税和增值税</td></tr>
</table>

续表

类型		举例	特点
边境/跨境经济合作区		满洲里边境经济合作区(1992.09)、吉木乃边境经济合作区(2011.09)	跨境经济合作区是指在两国边境附近划定特定区域,赋予该区域特殊的财政税收、投资贸易以及配套的产业政策,并对区内部分地区进行跨境海关特殊监管,吸引各种生产要素聚集,实现该区域加快发展,进而通过辐射效应带动周边地区发展,享有出口加工区、保税区、自由贸易区等优惠政策的次区域经济合作区
其他类型开发区	国家旅游度假区	上海佘山国家旅游度假区(1995.06)	注重度假旅游目的地建设。度假区建设必须建立在对度假旅游市场进行充分调研的基础上,准确定位、科学规划、合理布局,注重软开发,适度硬开发,同时更注重供给侧的旅游项目开发
	金融贸易区	上海陆家嘴金融贸易区(1990.06)	以金融、保险、证券和商贸为主要产业
	台商投资区	厦门集美台商投资开发区(1992.12)、南京海峡两岸科技工业园(1995.09)、福州台商投资区(1989.05)	台商投资规划的工业园区
	互市贸易区	满洲里中俄互市贸易区(1992.04)	互市贸易是指边境地区边民在我国陆路边境二十公里以内,经政府批准的开放点或指定的集市上、在不超过规定的金额或数量范围内进行的商品交换活动

省级经济开发区分为三种:省级经济开发区、省级高新技术产业园区,省级特色工业园区。其中省级经济开发区旨在促进贸易和经济增长;省级高新技术产业园区旨在促进高新技术产业的发展;省级特色工业园区是新型的工业园,通过促进同类产业的集聚和整合,形成产业整体竞争优势。

（三）开发区的分布

根据《中国开发区审核公告目录（2018）》（以下简称《目录》），我国共有国家级开发区552个，其中219家国家级经济技术开发区、156家国家级高新技术产业开发区、海关特殊监管区135家、边境/跨境经济合作区19家、其他类型开发区23家。国家级经济开发区主要集中在沿海地区，江苏省和浙江省国家级经济开发区数量最多，分别为26家和21家。国家级高新技术产业开发区同样主要分布在沿海地区，江苏省和山东省高新技术产业开发区数量最多，分别为17家和13家。

省级开发区由省级政府授权建立，所享有的特权少于国家级开发区。相比国家级开发区，中西部地区建立的省级开发区数目增多，根据《目录》我国共有1991个省级开发区，河北省、山东省、河南省的省级开发区数最多，分别有138个、136个、131个。

（四）开发区优惠政策

开发区的优惠政策大体上可以分为税费上的优惠、贷款上的支持、公共设施使用上的优惠等，除此之外，地方政府往往会根据禀赋资源和发展情况设立目标行业来促进特定行业的发展。现对开发区政策进行简要介绍。

设置目标行业。地方政府在设立经济开发区时，根据行业发展潜力和当地发展基础，将某些行业设置为开发区主要吸引投资和扶助发展的行业，即目标行业。为了促进目标行业的发展，中央政府给予经济开发区包括土地、财税、金融、管理等在内的一系列优惠政策，地方政府也会出台对应的配套措施。例如，开发区内土地使用和重大项目立项更容易得到国家的支持，涉及农用地转用和土地征收的，开发区可按城市分批次用地形式单独组织报批。

税收减免和关税减免。中国企业通常缴纳的税率为33%，但在开发区，外国企业、技术先进企业和出口导向型企业可享受15%—24%的企业所得税税率。同时，用于出口产品生产的设备和机械在开发区可免征关税。

贷款支持。在财税政策方面，开发区基础设施建设可申请中央财政贴息以及各类税收减免政策。经济开发区还享有更多的金融政策支持，包括国家政策性银行、商业银行的信贷支持，对符合条件的区内企业通过资本市场扩大直接融资的支持等。此外，经济开发区还享有更宽松的外资审批和管理制度、更宽松的劳动契约制度等。虽然早期的开发区承担了政策试验的任务，地方政府给予其更多的自由空间以尝试制度创新，但随着制度结构逐渐稳定，开发区之间的优惠政策趋于相同。

土地使用费折价。根据中国法律，所有土地都是国有的。通常在拍卖或招标之后，投资者可以通过合同协议合法获得土地开发和企业使用权。为了吸引更多的产业资本，经济开发区设定了较低的土地转让费。政府以低于市场价格征收农村土地建立经济开发区。在区域边界内，城市当局通过正式征用程序获得了大量集体所有土地。经济开发区管理委员会通过安置居民、支付补偿金、破坏旧建筑和安装新的基础设施来开发现在国有土地，随后将这些土地转让给开发区企业。协议期限、费用和支付方式取决于企业类型。以贵州省为例，对高新技术企业，其折现率为正常收费的25%—35%。出口型企业可在正常收费基础上享受10%—20%的优惠。对于改善交通、电信、供水、能源供应或环境保护等基础设施的项目，折扣可能在20%—30%。

较低的公共设施价格。地方政府为开发区设立了较低的水、电等费用来降低企业在开发区的运营成本。表7-2对比了一些开发区水、电的市场价格和对企业征收的价格，可以看到，表中部分开发区政府设定的优惠折扣至少在5%。

表 7-2　开发区公共服务价格优惠举例

	水		
	征收价格（元/吨）	市场价（元/吨）	价格比重（%）
南昌（江西）	1.7	2.25	75.6
漳州（福建）	1.3	1.68	77.4
合肥（安徽）	1.41	1.8	78.3
惠州（广东）	1.8	1.9	94.7
	电		
	征收价格（元/千瓦时）	市场价（元/千瓦时）	价格比重（%）
南昌（江西）	0.48	1.1	44
漳州（福建）	0.5	0.62	81
合肥（安徽）	1.1	1.2	92
惠州（广东）	每千瓦时 0.1 元的补贴		

数据来源：作者从互联网（地方政府门户，当地投资信息网络等）上收集的优惠投资政策文件。

二、理论基础

（一）理论依据

中国的开发区属于区位导向型政策的一种，目前西方经济学中支持区位导向型政策有效性的理论主要包括集聚经济、知识溢出、产业集聚、空间错配、网络效应，并且不少区位导向型政策的制定从公平角度出发，旨在促进落后地区的经济增长和福利增加。

集聚经济。是指各种产业和经济活动在空间上集中，由于交易成本降低、信息流畅、规模经济等因素产生的综合收益，通过鼓励要素的集聚来提高要素的生产率。集聚经济的主要作用渠道是“分享、匹配和学习”。Moretti 认为，从集聚经济的角度来讲，实行地本政策(Placed-based Policies，又译区位导向性政策)是有效的，因为在具有多个均衡的动态环境中，将经济活动从低就业、低密度的地区吸引到特定地区的收益远远大于实施政策带来的成本。但同时，还有两个问题需要解决：地本政策应该在哪个地区开展？其带来的收益是否大于其对其他地区带来的损失？Glaeser 和 Gottlieb 强调，政策制定者应该选择在生产率对集聚弹性较大的地区。而 Moretti 则认为，地方政府往往会设定优惠政策来鼓励地方要素集聚，地方政府的竞争最终会达到对外部性的正确定价。

知识溢出。集聚带来的外部性的一个重要表现是知识溢出。在人口稠密的地区，人们可以更多地进行面对面的沟通与交流，因此更容易激发创新性活动。更普遍地，个人周围的高人力资本可以提升其人力资本水平，也就是说，具有高知识水平的人对身边的人有外溢效应，这种正的外部性类似于“见贤思齐”。同时，知识在某地的集聚意味着可以通过知识的分享和更快地采纳创新成果来提升企业的生产率。毫无疑问，集聚带来的知识溢出对区域经济发展具有正向作用，因此能够促进地方知识集聚的地本政策从这个意义上讲也是值得推行的。

产业集聚。以上关于匹配、分享和学习的讨论也广泛存在于产业层面。例如，地方的知识溢出可能更存在于相同或关联产业之间，其他作用渠道如劳动市场和中间要素市场也更可能在产业内而不是产业间发挥作用。因此，产业层面的外部性也为试图建立和增强产业集聚的地本政策提供了理论依据。

空间错配。不完美市场的存在，如劳动力和就业市场的摩擦导致的失业和较小的流动性在某些情况下可以解释地本政策执行的必要性。如在美国一些城市落后区域可提供的工作机会较少，因此这些地区的就业率较低。这些地区工作机会的减少主要源于产业结构的改变带来的工作迁移，同时这种情况由于房地产市场的歧视将会一直存在。这些贫困群体的交通成本很可能超过其工资，因此他们去应聘工作的动机也就较弱。从以上讨论来看，空间错配存在时劳动力流动性缺乏，这就导致非均衡行为将会长期存在，因此出于公平的地本政策的执行就变得十分必要。

网络效应。劳动力市场的网络效应将会影响地本政策的政策效果。在网络模型中，雇佣可以促进居民之间关于工作机会的信息传播，降低搜寻成本、增加就业。由于劳动力市场分层较严重地区的工作信息交流更不流畅，因此网络效应对地本政策效果的放大作用更强。网络效应也为针对落后地区的地本政策提供了理论依据。

公平。许多地本政策是出于重新分配工作和收入的动机制定的。政府往往通过在落后地区设定优惠的税收政策或建立企业园区来吸引经济活动，但是人力和资本的流动性可能会弱化政策效果，甚至导致政策无效。Moretti 认为，如果劳动供给是完全弹性的，那么对于雇佣的补贴将会导致更高的工资；如果劳动是流动的，那么就会有更多的劳动者来到补贴区域；如果房屋供应不是完全弹性的，那么房子的价格会上涨，会部分抵消政策对原来居民带来的收益。并且在极端情况下，劳动者在移动到补贴区域前后的效用是相同的，唯一的变化是更高的房价，只有房产拥有者从中受益，而这并不是地本政策所想针对的人群。

（二）中国实践问题

西方经济学的产业集聚理论已经历经了 100 多年，社会生产条件、工业经济形态至今已经发生了巨大的变化，因此集聚经济的一些假设与当今实践差距较大，且应注意到中国开发区实践过程中产生的一些特有问题。

1. 古典区位论:交通成本下降,政府决定开发区选址

古典区位理论强调交通成本是企业选址的重要考量,如韦伯的最小运输成本理论认为企业集聚在一起可以降低运输成本,由此确定企业的最优选址。① 但是在实践中,一方面交通成本大幅下降,其对企业投资设厂、原料采购和市场销售等的影响也下降,对企业选址的影响力下降;另一方面,在中国的实践中开发区的选址往往是由政府指定的,而不是由市场力量自发集聚的,因此使用古典区位论对中国开发区集聚的解释力较弱。

2. 新古典区位论:外部规模经济受限

新古典区位理论中,马歇尔指出劳动力池、投入—产出关联、知识溢出是集聚外部性的主要来源。② 这一假设是基于企业规模报酬不变、完全竞争市场等企业为了追求经济效益而形成的自发性集聚。但中国开发区企业数量可能不超过百家,且大多数开发区规定了主导产业,因此企业之间生产经营的关联程度要低于企业自发集聚下产业的关联程度。从企业分布来看,园区内企业分布相对较分散,以 2018 年 552 家国家级经济开发区为例,将近半数开发区地块数不少于 2 块(见表 7-3)。

表 7-3　2018 年国家级经济开发区地块分布情况

开发区地块数(块)	1	2	3	4	5	6	7	8	9	10	12	15	19
开发区数量(家)	309	135	45	25	14	5	6	5	3	1	1	1	1

注:表中未统计中关村科技园区情况。
数据来源:自然资源部、住房和城乡建设部:《关于国家级开发区四至范围公告》。

3. 新经济地理学:城市功能区规划

古典和新古典区位理论可以解释企业集聚的动因,但是无法解释为什

① ［德］阿尔弗雷德·韦伯:《工业区位论》,李刚剑等译,商务印书馆 2010 年版。
② ［英］马歇尔:《经济学原理》,章洞易译,商务印书馆 1964 年版。

么企业集聚在“此地”而不是“彼地”。新经济地理学对这些问题进行了解答。克鲁格曼认为地理位置、历史优势甚至偶然因素都能成为起始条件,而规模报酬递增、要素流动、内生累积循环等正向反馈进一步强化了这种集聚,使得优势地区可以保持领先地位。但是一方面中国的开发区往往是政府主导的选址,通过一系列优惠政策的推出来吸引企业投资和人才流入等。因此企业集聚在“此地”而不是“彼地”的原因是外生于经济系统的政府城市规划。另一方面尽管开发区的建立可以被视为新经济地理学中的偶然事件,但开发区的用地面积往往由政府予以框定,自我强化效应无法施展。

在中国实践下,应注意到政府行为是否会影响到开发区的政策效果。一是在开发区建立之前,政府往往会综合自然地理条件、人力资本和发展潜力等因素考虑开发区的选址。二是在开发区建立后,地方政府推出的倾向性和选择性的优惠政策会自动对企业进行选择。三是开发区的表现往往是开发区政绩考核的重要部分,管理者有较强的动机引入优质企业,阻止低效企业进入,同时开发区也会定期盘活工业用地,对辖区内的“僵尸企业”进行清理。因此在考察中国开发区的影响时不能忽视政府在其中扮演的角色。

三、开发区政策效果文献综述

(一)国外政策效果评估

美国加利福尼亚企业园区通过降低企业雇用低收入地区劳动力的成本来鼓励就业,但 Neumark 和 Kolko 发现美国加利福尼亚的经济开发区并没有显著提升该地的就业水平，且对周围地区也没有产生正向溢出。在随后的研究中，Kolko 和 Neumark 研究了地区特征和开发区管理对政策效果的影响。通过使用对开发区管理者的调查数据，他们发现，在制造业份额较低的地区以及开展更多营销和外联活动的开发区，政策对就业的促进作用更明显。但是，那些对雇用低收入群体提供补贴的开发区并没有改善当地的就业状况，这可能是因为这些政策大多强调了如何进行抵扣，重点并没有放在创造就业上。Elvery 与 Neumark 和 Kolko 得到了相似的结果，且其估计系数为负。

同时还有许多研究评估了美国其他地区经济开发区的政策效果。Freedman 研究了得克萨斯的经济开发区对当地经济的影响。雇用开发区内居民的企业可以向政府申请退税，从该开发区的政策出发，Freedman 研究发现得克萨斯的经济开发区促进了园区居民的雇佣增长，这种就业的增长主要集中在年收入低于 40000 美元的建筑、制造、零售和批发等行业。除此之外，房屋空置率也有显著下降，房屋价值中位数也显著上升。美国从 1993 年开始设立的联邦振兴地区（Federal Empowerment Zones）也是美国政府区域政策的主要组成部分，该政策通过提供财政激励和政府补贴金来鼓励落后地区的发展。Busso 等发现联邦振兴地区的雇佣水平显著提高，但这种积极影响主要集中在当地居民上，对园区外居民并没有显著的影响。同样地，开发区居民的工资提高了 12%，但非园区居民的工资水平并没有显著提高。在确立为联邦振兴地区后，当地的房屋价值显著提高，租金、人口和空置率并没有改变。Reynolds 和 Rohlin 使用城市经济学的理论框架，研究了联邦振兴地区对生活质量的影响。他们发现当地营商环境有了明显的改善，但是个人的生活质量没有提高。

同时也有许多文章研究了其他国家开发区的政策效果。法国开发区（Zones Franches Urbaines）内员工人数少于 50 人的企业可以在 5 年内免除企业所得税、房产税、社会福利贡献等。该开发区优惠政策完全基于位置，因此可能会激发园区内新生企业的建立，也会吸引其他地区的企业迁移到该地区。Givord 等发现法国的开发区显著增加了园区内企业数量，且两种作用渠道均显著，开发区并没有提升园区内在位企业的雇佣率。通过进行中心环分析，他们发现开发区对周围地区的企业数量产生了负向影响，且估计系数十分接近，开发区的设立仅是促进了生产要素在较小范围内的重新配置，需要对开发区的成本收益进行重新考虑。Briant 等研究了法国开发区政策效果的地理异质性，他们发现越靠近公路、铁路等交通设施的地区吸引越多的企业，且这些地理上的异质性更强地作用于新生企业，而不是已有企业的迁移（见表 7-4）。在英国，区域援助计划（Regional Selective

表 7-4　国外开发区政策效果评估文献举例

研究	国家	政策	结果
Neumark & Kolko (2010, *Journal of Urban Economics*)	美国	加利福尼亚企业园区（California Enterprise Zones）	·对园区内活动单元的雇佣并没有产生显著影响：估计值为-1.7%—1.8%，置信区间为-8%—6%； ·没有显著的溢出
Kolko & Neumark (2010, *Journal of Policy Analysis & Management*)			·参加更多市场建设和推广的园区雇佣水平显著提升，过度关注税收抵扣的园区雇佣水平下降
Elvery (2009, *Economic Development Quarterly*)			·园区居民的雇佣没有提高：加利福尼亚的估计值为-0.4%—-2.6%，佛罗里达估计值为-1%—-4%

续表

研究	国家	政策	结果
Freedman（2013，*Journal of Human Resources*）	美国	得克萨斯企业园区（Texas Enterprise Zones）	·对园区内居民的雇佣产生了积极影响（1%—2%每年，有的时候显著）； ·雇佣的积极影响集中在建筑、制造、零售和批发等年收入低于40000美元的行业； ·房屋空置率显著下降（-4%）； ·房屋价值中位数显著上升（10.7%）
Busso et al.（2013，*American Economic Review*）	美国	联邦振兴地区（Federal Empowerment Zones）	·就业机会增长（12%—21%），且这种增长主要集中在新生的或在位的雇佣人数大于5人的经济活动单元，使用普查数据发现雇佣显著提高了（12%—19%），对园区居民的影响（15%—17%）高于对非园区居民的影响（6%—16%），园区内居民的周工资水平提高（8%—13%）； ·显著提升了房屋价值（28%—37%）； ·对租金、人口、空置率没有影响
Reynolds & Rohlin（2014，Journal of Regional Science）			·生活质量：租金和工资溢价的差值增加（1.1%，不显著）； ·营商环境：租金和工资溢价的和增加（6.4%，显著）
Givord et al.（2013，*Regional Science & Urban Economics*）	法国	法国开发区（Zones Franches Urbaines）	·对企业创造和迁移有积极影响（5%—6%）； ·积极影响在园区周围300英里环内的负向影响完全抵消
Briant et al.（2015，*American Economic Journal：Economic Policy*）			·越靠近公路、铁路等交通设施的地区吸引了更多的企业
Criscuolo et al.（2019，*American Economic Review*）	英国	区域援助计划（Regional Selective Assistance）	最大投资补贴额度10%的上升可以提升制造业就业大约10个百分点，总体失业率下降4个百分点，对企业生产率和工资没有影响

Assistance)通过向落后地区的企业提供资金支持来保护当地的制造业。Criscuolo 等研究了英国地区区域选择性援助计划,他们发现该政策对工厂就业产生了积极的影响,这些积极影响不是因为工作岗位从相邻的地区向具备资格地区进行的替代转移,主要集中在小规模企业,但该政策对企业生产率和工资没有影响。

(二)中国开发区政策效果评估

许多学者从各种角度丰富了对中国开发区政策效果的研究(见表 7-5)。许多研究分析了开发区设立对于经济增长、产出、劳动、生产率、外商投资等因素的影响。Wang 使用中国地级市面板数据发现经济开发区的建立大幅度提升了外商投资水平,且这些投资大部分是创造的,而不是吸引了其他地区的外商投资,且外商投资的增加并没有挤出国内投资,开发区工资的上升高于生活成本的上升,且早期成立经济开发区带来的效益更高,有多个开发区的城市效益提升明显。而利用地理位置信息后,开发区的设立对周边地区并没有显著的溢出效应。王永进和张国峰认为开发区企业的生产率优势主要来源于“集聚效应”,但这种效应的持续期限较短,在 3 年后基本消失,而竞争加剧导致优胜劣汰的“选择效应”是生产率长期增长的动力。① Alder 等发现国家级经济特区大大提高了地区 GDP 和人均 GDP,但这种高速增长不可持续,经济的增长主要来源于物质资本的积累,国家级经济开发区的建立对周围存在显著的正向溢出。Koster 等研究了深圳的科技园区对公司生产水平、资本、工资等因素的影响,发现由于园区提供的优惠政策,园区内工资水平和生产率均提高,但是同时科技园区内的企业也雇用了更多的员工,产生了劳动力的错配。Lu、Wang 和 Zhu 发现中国的经济开

① 王永进、张国峰:《开发区生产率优势的来源:集聚效应还是选择效应?》,《经济研究》2016 年第 7 期。

发区对资本投资、产出、生产效率和工资都有正向的影响，且开发区的积极影响主要来源于新进入的企业。也有许多研究关注开发区对经济结构的影响。李力行和申广军发现经济开发区通过设置目标行业，显著促进了目标行业的增长，进而促进了城市的产业结构调整，以生产要素从低效率部门向高效率部门的重新配置来推动经济增长。① 周茂等以 2006 年中国大规模设立省级开发区为研究背景，发现开发区设立通过促进内部产业结构优化实现了产业结构升级，该结构升级主要来自生产要素在同一地区不同产业间的重新配置，除此之外，产业集聚、资本深化、出口学习也是开发区推动制造业升级的路径。②

表 7-5　国内开发区政策效果评估文献举例

研究	研究对象	数据	结果
Jin Wang (2013, *Journal of Development Economics*)	外商直接投资	1978—2008 年中国 321 个地级市面板数据	· 人均外商投资提升了 21.7%，外商投资增长率提升了 6.9 个百分点，外商投资的增加并没有挤出国内投资； · 早期设立的经济开发区相较之后设立的开发区技术进步水平要高 1.6 个百分点； · 开发区工人的工资上涨了 8%，其生活成本也上升了 5%； · 有更多开发区的城市其对外商投资、要素价格上升更大
王永进和张国峰(2016,《经济研究》)	生产率	1998—2007 年中国工业企业数据库	· 开发区企业的生产率优势主要来源于"集聚效应"，但这种效应的持续期限较短，在 3 年后基本消失，而竞争加剧导致优胜劣汰的"选择效应"是生产率长期增长的动力

① 李力行、申广军：《经济开发区、地区比较优势与产业结构调整》，《经济学》(季刊) 2015 年第 3 期。

② 周茂、陆毅、杜艳等：《开发区设立与地区制造业升级》，《中国工业经济》2018 年第 3 期

续表

研究	研究对象	数据	结果
Alder et al.（2016, *Journal of Economic Growth*）	GDP	中国城市统计年鉴（1998—2010）	·国家级开发区的建立提高了所在城市的 GDP 和人均 GDP； ·物质资本的积累是经济增长的主要途径； ·开发区对周围地区产生了显著的正向溢出
Koster et al.（2019, *Journal of Regional Science*）	劳动力	中国工业企业数据库 1998—2009 年	·园区内公司的生产率提高了 15%—25%，工资水平提高了 10%—15%，但是同时科技园区内的企业也雇用了更多的员工，产生了劳动力的错配
Lu et al.（2019, *American Economic Journal: Economic Policy*）	投资、产出、工资、生产率	中国工业企业数据库、经济普查数据	·开发区建立后，资本投资、雇用、产出、企业数量、生产率、工资均有显著上升； ·开发区的效应主要来源于净进入企业带来的投资"广化"，而不是在位企业的"投资深化"； ·由于开发区的政策设计鼓励投资，资本密集型行业从开发区中受益更大
李力行和申广军［2015，《经济学》（季刊）］	产业结构调整	2004 年和 2008 年的中国工业企业数据库；《中国开发区审核公告目录（2006 年版）》中开发区的目标行业	·设立一个经济开发区可以解释产业变动的 20%—30%。当一个行业被设立为目标行业，该行业的各项经济指标提高了 9%—15%，其行业集中度提高了 20%—30%
周茂、陆毅、杜艳等（2018，《中国工业经济》）	地区制造业升级	根据 CEPII 网站 HS 六位产品技术复杂度数据，基于中国工业企业数据库（2004—2008 年）计算产业结构	·设立开发区的县的技术复杂度比未设立开发区县的技术复杂度高出约 170 美元
刘瑞明和赵仁杰（2015，《管理世界》）	GDP	1994—2012 年中国 283 个地级市的面板数据	·国家高新区建立后，GDP 增长了 4.1%，人均 GDP 增长了 10.4%； ·高新区的效果呈现边际效应递减：那些行政级别更低、要素资源优势更高的地区，高新区对地区经济发展的作用更强

续表

研究	研究对象	数据	结果
袁其刚，刘斌，朱学昌（2015，《世界经济》）	企业生产率	1998—2007年《中国工业企业统计年报》	·经济功能区建立后，地区全要素生产率上升了0.17%—1.27%； ·地区专业化效应与企业生产率的关系呈倒"U"形
Chen et al.（2019，NBER Working Paper）	全要素生产率	中国工业企业数据库2000—2007年	·开发区关闭后，企业全要素生产率降低了6.5%； ·距离中国3个主要港口城市500公里内开发区关闭后企业全要素生产率降低了9.62%
Kahn et al.（2021，*Journal of Urban Economics*）	城市经济增长	中国城市统计年鉴（1987—2008）	·由于政治关联建立的工业园区的经济表现比由于当地较好经济禀赋而建立的产业园的年均人均GDP要低5.2%，年均TFP要低4.8%
Howell（2019，*Journal of Regional Science*）	生产率	中国工业企业数据库1998—2009年	·新的高新技术开发区和经济技术开发区建成后的5年内，可使现有企业的平均生产率分别提高30.2%和18.4%
Zheng et al.（2017，*Journal of Urban Economics*）	企业生产率、工资、当地经济	中国工业企业数据库1998—2007年	·以北京、上海、深圳、西安、成都、大连、武汉、天津地区的工业园为研究对象，结合地理数据发现城市工业园的溢出效应是园区整体人力资本水平、外商直接投资占比、与在位企业的协同效应的增函数

同时，分析开发区的政策效果时不能忽视总体效应下隐含的异质性。刘瑞明和赵仁杰通过中国地级市面板数据发现国家高新区的建立显著促进了地区GDP和人均GDP的增长，且高新区的效果呈现边际效应递减：较低行政等级的城市在设立国家高新区后获得了更快的发展，表明开发区的合理布局可以缩小地区经济差异。① 袁其刚等发现经济功能区的地区专业化

① 刘瑞明、赵仁杰：《国家高新区推动了地区经济发展吗？——基于双重差分方法的验证》，《管理世界》2015年第8期。

效应与企业生产率的关系呈倒“U”形，适度的专业化有利于产业集聚并促进企业生产率的提升，过度专业化导致的产业拥挤会抑制企业生产率的提升。① 同时他们发现，东部地区技术密集型行业全要素生产率提升显著，西部地区资源密集型和劳动密集型行业全要素生产率提升显著，中部地区资源密集、劳动密集、资本密集、技术密集型行业全要素生产率均没有显著变化。Chen 等以 2004 年到 2006 年大量经济开发区的关闭为背景，开发区的关闭显著降低了企业全要素生产率，在距离中国三个主要港口城市 500 公里内开发区的关闭对企业全要素生产率的负向影响十分显著，更远地区开发区的关闭并没有显著影响。开发区政策在市场潜力更大的东部沿海地区更有效，相同的政策照搬到内部地区不一定有效。Kahn 等从政治关联的角度分析发现城市官员与省级官员有政治关联的城市更容易赢得产业园建立指标，但在这种条件下建立的工业园区的经济表现往往弱于那些由于当地较好经济禀赋而批准建立的产业园。从开发区类型出发，Howell 发现一个新的高新技术开发区和经济技术开发区建成后的 5 年内，可使现有企业的平均生产率分别提高 30. 2%和 18. 4%。

开发区的建立是否对周边地区有溢出以及溢出效应的方向也吸引了不少学者的关注。如 Lu 等发现经济开发区对周围地区存在正向溢出，但其影响较小；Zheng 等以中国 8 个城市为样本，发现城市工业园的溢出效应是园区整体人力资本水平、外商直接投资占比、与在位企业的协同效应的增函数。当地工资水平和雇佣水平的提升推动了周边地区建筑业和零售业的发展，次级生产中心的崛起导致了郊区“消费城市”的出现。

对以上内容进行总结，可以看到已有研究大多证实了中国的经济开发区对中国经济增长的正向影响，但同时也需要对开发区的成效进行客观评

① 袁其刚、刘斌、朱学昌：《经济功能区的“生产率效应”研究》，《世界经济》2015 年第 5 期。

价。如 Alder 等发现开发区的高增长难以持续;开发区的政策效果蕴含着丰富的异质性,开发区的行政级别、类型、距离港口城市距离等因素均会影响开发区的政策效果。而已有研究一方面较少从空间角度考虑开发区的政策效果,另一方面只注意到了市级领导与省级领导间的政治关联的影响,没有关注地方政府间的竞争关系对开发区建立的影响,因此本讲的第四部分和第五部分分别对这两个方面进行补充分析。

四、开发区的政策效果——来自空间视角的证据

从之前的讨论可以看到,目前的研究从宏观和微观角度为开发区的政策效果提供了丰富的经验证据,但是已有的研究大多没有考虑地理或空间因素,而开发区是区位导向型的政策,空间是区域发展政策区别于宏观和微观政策的重要维度,因此对开发区的评估不能忽视空间在其中发挥的作用。因此接下来本文将从空间角度出发,从地区偏向维度评估“基于地方”的空间干预政策的有效性,回答不同地方设立的开发区的效果是否不同,并进一步探索空间异质性的成因,以充分认知开发区政策的实施效果,为政策的调整和完善提供决策依据。另外,我国的开发区兼具了发达国家和发展中国家的特征,既有在资源禀赋较好的地区设立的开发区,也有在经济落后或衰退的地区设立的开发区,开发区的设立是否推动了经济增长、缩小了地区间的差距也是本文关注的重点。

(一)研究设计

本文选取了 2003—2006 年的开发区清理整顿作为政策冲击的准自然

实验,原因如下:(1)开发区清理整顿是中央政府国务院制定的政策,对地方来说属于外生的政策冲击,具有事前的不可预测性,也杜绝了反应性决策的可能性。每个地方开发区关闭的数量主要受限于国家总体的建设用地指标配置规划,独立于同时期城市特征和经济表现,因此利用这个政策冲击能够减少选择性偏误,也在一定程度上减少反向因果导致的内生性问题。(2)这次清理整顿是有史以来规模最大、涉及面最广和力度最强的一次,2003 年清理整顿前,全国有各类开发区 6866 个,经过集中清理整顿到 2006 年 12 月底开发区数量核减至 1568 个,72%的开发区被关闭,从而对地方经济的影响足够大。(3)这个政策体现了明显的区域偏向和区域协调发展的政策目标,因此地理位置不同的城市受到清理整顿政策的影响程度不同,而两个群体之间的差异则体现出政策实施效果的异质性。由此,基准模型可以设定为:

$$y_{it} = \alpha + \beta treat_i \times post2003 + \gamma x_{it} + \mu_i + \mu_i + \varepsilon_{it} \tag{1}$$

其中下标 i 和 t 分别代表城市和年份。y_{it}代表 i 城市在 t 年的 GDP、人均 GDP、地区差距和地区人均差距。$treat_i$ 用以识别受开发区政策影响较大的城市,$treat_i$ 是一个虚拟变量,受到清理整顿政策影响的城市取 1,否则为 0。$post2003$ 用以识别开发区清理整顿政策冲击时间,由于开发区清理整顿持续到 2006 年,但主要的整顿工作在 2004 年下半年即完成,因此将 2004 年以后各年份赋值为 1,将 2004 年以前各年份赋值为 0。β 是本讲关注的核心变量的系数,反映了政策发生前后,处理组相对于控制组经济增长受开发区政策影响的变化。x_{it}表示可能影响城市经济表现的特征变量向量。参考徐现祥和王贤彬[①]的研究,本讲选取了收入、产业结构、道路密度和受教育水平等一系列变量来表征当地的社会经济特征以尽量确保政策冲击的外

① 徐现祥、王贤彬:《晋升激励与经济增长:来自中国省级官员的证据》,《世界经济》2010 年第 2 期。

生性。

处理组选择的定义是受到开发区清理整顿政策影响的城市，有两种定义方法。一是界定在2003年政策后开发区被清理撤销掉的城市，从分析空间干预政策效应的标准看，这是更直接的界定方式。但是，不管是国家级还是省级开发区都没有退出机制，几乎不存在撤销的情况，而被撤销的省级以下开发区很难从官方文件和公开信息中追踪到。因此，我们使用一种间接的界定方式。在清理整顿中，省级以下开发区按照"撤销、核减、整合"的要求统一进行整改。受政策影响比较大的城市，开发区撤销比较多，相应地其新增开发区会比较少；而受政策影响比较小的地区，撤销的开发区少，相对来说整合新增的开发区比较多。我们的具体做法是，根据《目录》与中国开发区网站公布的开发区最新情况（包括开发区的批准时间），将在2003年后没有新增省级开发区的53个城市作为处理组，这些城市中位于东部地区的有16个，位于中西部地区的有37个。其余117个城市作为控制组。如果开发区对经济增长的作用为正，处理组减去控制组的差值应该在2003年后为负值。

本讲的目的是检验开发区政策对经济增长带动的平均效果。考虑到开发区新增数量的不同可能是由于处理组和控制组在政策实施之前存在的系统差异导致，也就是说，两组样本的异质性较大，可能不满足共同趋势假设。因此，采用DID模型进行估计之前，我们通过使用倾向评分匹配（PSM）方法对处理组样本（受开发区清理整顿影响较大的城市）和控制组样本（受开发区清理整顿影响较小的城市）进行平行趋势检验，该方法能够控制不可观测但不随时间变化的组间差异。本讲采用马氏距离匹配法（Mahalanobis Matching），尽可能控制影响个体落入处理组或控制组的城市特征变量，但考虑到马氏距离匹配法在模型有较多协变量时存在难以保证样本都实现匹配的问题，最终选取地区教育水平、基础设施水平和产业结构等城市特征变量作为协变量，使用 logit 回归计算倾向得分，并进行基于倾向得分的马氏距离匹配。

（二）经验研究结果

1. 开发区与缩小区域差距

表 7-6 报告了开发区政策效果的估计结果。第（1）列至第（2）列是针对开发区政策对地区 GDP 差距的回归结果，第（3）列至第（4）列是针对开发区政策对人均 GDP 差距的回归结果。为了检验基准回归的估计结果是否稳健，第（2）列和第（4）列将模型的核心变量 $treat \times post2003$ 中的 $treat$ 由识别处理组是否有新增开发区的虚拟变量替换为开发区新增数量为 1 或 0 的城市，以反映受开发区清理整顿政策影响程度的不同。可以看到第（1）列和第（2）列的系数我们关注的 $treat \times post2003$ 的系数显著为负。模型（3）中 $treat \times post2003$ 的回归系数为负但不显著，表明开发区清理整顿政策在人均意义上没有显著缩小区域经济差距。总体而言，在生产要素特别是劳动力流动不充分的情况下，通过资源转移和偏向内地的区域干预政策的确在一定程度上有利于地区间经济总量差距的缩小，但并没有促进人均意义上的区域协调发展。

表 7-6　开发区缩小地区差距的检验

变量	（1）GDP 差距	（2）GDP 差距	（3）人均 GDP 差距	（4）人均 GDP 差距
$treat \times post2003$	-0.054^{**} （0.026）		−0.023 （0.017）	
$treat_1 \times post2003$		-0.102^{***} （0.025）		-0.053^{***} （0.016）
城市特征变量	控制	控制	控制	控制

续表

变量	(1)GDP 差距	(2)GDP 差距	(3)人均 GDP 差距	(4)人均 GDP 差距
年份固定效应	控制	控制	控制	控制
省级时间趋势	控制	控制	控制	控制
N	2720	2720	2720	2720
R^2	0.69	0.69	0.68	0.68

注：***、** 和 * 分别表示在 1%、5% 和 10% 的水平上显著，括号内是标准误。下同。

中国开发区承担的基本职能是拉动区域经济增长，因此，我们对开发区政策效果展开进一步检验。表 7-7 中模型（1）至模型（2）是针对开发区政策对地区 GDP 的回归结果，我们关注的受清理整顿影响较大的城市和 2003 年后的交互项 *treat*×*post*2003 的系数显著为负，说明对那些受清理整顿政策影响较大的城市，开发区撤销使其经济水平下降。反过来讲，开发区设立有利于所在城市经济增长。在更换新的处理组后，由模型（2）的回归结果可知，开发区清理整顿政策的净效应依然为负，即开发区对城市经济增长的贡献是正向的，结果比较稳健。模型（3）至模型（4）是针对地区人均 GDP 的回归结果，可以看出，在清理整顿过程中受影响较大的城市和受影响较小的城市相比，其人均 GDP 在 2003 年前后的变化在统计上并不显著，即平均来看，开发区的建立对所在区域人均收入的提升作用并不明显。

表 7-7　开发区政策的经济效应检验

变量	(1)GDP 差距	(2)GDP 差距	(3)人均 GDP 差距	(4)人均 GDP 差距
treat×*post*2003	−0.098*** (0.037)		0.027 (0.026)	

续表

变量	(1)GDP 差距	(2)GDP 差距	(3)人均 GDP 差距	(4)人均 GDP 差距
$treat_2 \times post2003$		-0.138*** (0.034)		-0.018(0.024)
城市特征变量	控制	控制	控制	控制
年份固定效应	控制	控制	控制	控制
省级时间趋势	控制	控制	控制	控制
N	2720	2720	2720	2720
R^2	0.79	0.80	0.87	0.87

表 7-8 估计结果表明，开发区设立在短期和中长期对目标区域经济总量增长的效应都很显著。短期看，开发区促进地区 GDP 总量差距缩小的效果是高度显著的，但是随着时间的推移，缩小地区 GDP 总量差距的长期效应逐渐变得不明显。另外，无论是短期还是长期，开发区设立对人均 GDP 和人均 GDP 的差距均不显著。这表明，由于现实中长期存在的劳动力流动障碍，单纯依赖区位导向的空间干预政策无法兼顾总量平衡与人均 GDP 的均衡发展。

表 7-8　开发区政策的短期和长期效应检验

变量	(1)GDP 差距	(2)GDP 差距	(3)人均 GDP 差距	(4)人均 GDP 差距
$treat \times post2003$	-0.098*** (0.037)	-0.054** (0.026)	0.027 (0.026)	-0.023 (0.017)
$treat \times post2005$	-0.088*** (0.034)	-0.026 (0.024)	0.048** (0.023)	-0.009 (0.015)

续表

变量	(1)GDP差距	(2)GDP差距	(3)人均GDP差距	(4)人均GDP差距
treat×*post*2006	-0.099*** (0.033)	-0.027 (0.023)	0.030 (0.023)	-0.012 (0.015)
treat×*post*2007	-0.101*** (0.033)	-0.011 (0.023)	0.032 (0.022)	-0.002 (0.014)
treat×*post*2008	-0.078*** (0.033)	0.006 (0.023)	0.029 (0.023)	0.01 (0.015)
控制变量	控制	控制	控制	控制
N	2720	2720	2720	2720

2. 开发区政策效果的空间异质性

从上述讨论来看，开发区的设立确实缩小了区域之间的差距，接下来本文将从空间角度将此效果进行分解，分析是否由于开发区政策的作用在地理维度上的差异，进而使总量意义上的区域差距缩小？

首先，我们把城市样本按照其地理位置分成东部和中西部两个子样本，表7-9报告了开发区效应在不同子样本中的估计结果。结果显示，开发区的政策效果呈现出了非常明显的空间异质性。表7-9中模型(1)至模型(4)的回归结果中，代表开发区撤销对城市经济总量影响净效应的*treat*×*post*2003的系数在东部样本中系数显著为正，而在中西部样本中显著为负。这意味着对中西部地区的城市，开发区撤销降低了其经济水平，也就是说，在清理整顿政策之后，中西部地区新增开发区较多的城市，其经济表现平均而言要高于没有新增开发区的城市。相对东部来说，开发区的经济效应在中西部更为显著。

表 7-9 开发区政策效果在东中西部的差异(因变量:GDP)

变量	(1)东部	(2)中西部	(3)东部新处理组	(4)中西部新处理组
treat×*post*2003	0. 09 ** (0. 042)	−0. 14 *** (0. 053)		
$treat_2$×*post*2003			0. 062 ** (0. 027)	−0. 11 *** (0. 023)
城市特征变量	控制	控制	控制	控制
年份固定效应	控制	控制	控制	控制
省级时间趋势	控制	控制	控制	控制
N	1360	1360	1360	1341
R^2	0. 77	0. 75	0. 76	0. 80

表 7-10 报告了开发区政策的经济效应在不同子样本中的估计结果。可以看出,中西部地区处理组和控制组人均 GDP 的差值在 2003 年前后的变化是显著为正的,这意味着在统计上开发区清理整顿政策反而降低了中西部地区的人均 GDP;而东部地区处理组和控制组人均 GDP 的差值不显著,表明开发区清理整顿对东部地区人均 GDP 的影响不明显。并且随着中国经济增长的放缓,由于地理条件带来的中西部地区资源的瓶颈和产出"天花板",结果导致中西部开发区的低效率运行,且地方政府大规模负债的问题不能忽视①,过度建设却没有人口流入或流入缓慢,会提高中国经济的系统性风险水平。

① 邓慧慧、赵家羚:《地方政府经济决策中的"同群效应"》,《中国工业经济》2018 年第 4 期。

表 7-10　开发区政策效果在东中西部的差异(因变量:人均 GDP)

变量	(1)东部	(2)中西部	(3)东部新处理组	(4)中西部新处理组
$treat \times post2003$	0.052 (0.040)	0.083** (0.037)		
$treat_2 \times post2003$			−0.028 (0.035)	0.039 (0.038)
城市特征变量	控制	控制	控制	控制
年份固定效应	控制	控制	控制	控制
省级时间趋势	控制	控制	控制	控制
N	1360	1360	1360	1341
R^2	0.86	0.84	0.85	0.85

3. 到“三大城市群”的距离差异

京津冀、长三角和珠三角分别是华北和部分西北地区、长江流域大部分地区、南方和珠江流域部分地区的枢纽区,是我国进入世界市场、世界经济进入中国市场的门户与枢纽。本文使用两种定义:(1)根据到三大城市群的距离设置虚拟变量。利用 google 地图系统和 GIS,将三大核心城市群范围的临界线确定,然后计算各个城市与临界线的最近距离。城市群内和到城市群的距离(到三大城市群的最近距离),在特定公里以内的城市取值为 1,否则为 0。(2)根据到京津冀、长三角和珠三角三大城市群的特定距离设置虚拟变量,在某一城市群内和距该城市群特定距离的城市(不包括其他城市群内的城市)取值为 1,否则为 0。由表 7-11 可知,整体来看,开发区撤销对城市 GDP 的影响在地理上呈现衰减趋势。具体而言,在距离三大城市群 300 公里附近,内外的差异非常显著,表现为距离三大城市群在 300 公里以内的清理整顿效应为负(即开发区的效应为正),距离在 300 公里以外的清理整顿效应为负但不显著。而当距离三大城市群 400 公里时，这种内外差异变得不显著。说明距离城市群较近的城市，开发区对地方经济的提升作用比在其他地区更强，但存在一定的边界，即开发区对城市 GDP 的正向作用随着城市到城市群的距离的增加而减弱。中国的经济活动大部分都集中在以京津冀、长三角和珠三角三大城市群为中心的地区，因此距离三大城市群越近，开发区得益于更大的市场规模，更有可能通过集聚和规模经济充分发挥开发区的政策效果。

表 7-11　开发区政策效果在城市群内外的差异

变量	三大城市群		三大城市群		三大城市群	
	200 公里内	200 公里外	300 公里内	300 公里外	400 公里内	400 公里外
treat×*post*2003	−0. 160*** (0. 056)	0. 018 (0. 0880)	−0. 100** (0. 045)	−0. 116 (0. 082)	−0. 009 (0. 041)	−0. 171 (0. 102)
N	1600	1107	1952	755	2208	499
R^2	0. 79	0. 69	0. 79	0. 73	0. 80	0. 68
变量	京津冀		长三角		珠三角	
	30 公里内	30 公里外	300 公里内	300 公里外	30 公里内	30 公里外
treat×*post*2003	−0. 075* (0. 044)	−0. 194** (0. 087)	−0. 143*** (0. 044)	−0. 084 (0. 074)	−0. 032 (0. 042)	−0. 190 (0. 125)
N	1955	752	2131	576	1955	752
R^2	0. 78	0. 75	0. 79	0. 75	0. 78	0. 76
城市特征变量	控制	控制	控制	控制	控制	控制
年份固定效应	控制	控制	控制	控制	控制	控制
省级时间趋势	控制	控制	控制	控制	控制	控制

4. 开发区政策效果的影响因素

为了进一步探讨开发区政策对促进经济增长的不同驱动因素所发挥作用的可能渠道，本文参考 Lu 等、刘瑞明和赵仁杰①，采用依次检验法进行中介效应分析。构建计量模型为：

$$Cityvar_{it} = \alpha + \beta treat \times post2003 + \mu_i + \mu_t + \varepsilon_{it} \quad (2)$$

其中，因变量 $Cityvar_{it}$ 表示影响城市经济增长的变量，具体包括：(1)固定资产投资额占 GDP 比重(*fai*)；(2)区位熵值法计算的制造业集聚度(*lq*)；(3)城市的产业结构(*tertiary*)，以第三产业占 GDP 的比重来衡量；(4)城市教育状况(*edu*)，用高中以上在校学生数/地区总人口作为一个代理变量；(5)城市基础设施(*road*)，以人均道路面积衡量；(6)政府规模(*gov*)，用政府预算内收入占 GDP 比重表示；(7)实际外商直接投资额与当年 GDP 的比值(*fdi*)。结果如表 7-12 所示。

表 7-12　开发区政策效果的影响因素检验

变量	(1) ln*tertiary*	(2) ln*edu*	(3) ln*revenue*	(4) ln*road*	(5) ln*fdi*	(6) ln*info*
treat×*post*2003	−0.089*** (0.023)	−0.067 (0.044)	0.113 (0.079)	−0.045 (0.047)	0.455*** (0.122)	0.078 (0.012)
城市特征变量	控制	控制	控制	控制	控制	控制
年份固定效应	控制	控制	控制	控制	控制	控制
省级时间趋势	控制	控制	控制	控制	控制	控制
N	2720	2720	2720	2720	2720	2720
R^2	0.01	0.14	0.28	0.20	0.04	0.01

① 刘瑞明、赵仁杰：《国家高新区推动了地区经济发展吗？——基于双重差分方法的验证》，《管理世界》2015 年第 8 期。

由表7-12模型(1)至模型(6)的回归结果可见,受开发区清理整顿政策影响比较大的城市,其产业结构、教育水平和基础设施都有下降,反过来就意味着,开发区设立有利于提升所在城市的第三产业比重,但对基础设施和教育的影响不显著,对预算收入、对外开放度和信息化水平也没有带来显著的促进作用。可以看出,开发区对GDP的拉动过度集中于投资,区域经济增长已经形成对政府投资的依赖,一方面促进了产业结构升级;但另一方面,缺乏基础措施保障和教育支撑,甚至对基础设施和教育产生了挤出效应,制约了开发区政策较长时期内对工业化等长期驱动因素作用的发挥。

(三)小结

开发区总体而言缩小了区域GDP总量差距,原因在于开发区分布的内地偏向短期内推动了中西部地区GDP的相对更快增长,但缩小地区GDP总量差距的长期效应不明显,并且这一政策对中西部人均GDP和地区间人均GDP差距缩小的效果也并不显著。这意味着开发区政策通过区域平衡来干预要素流动,短期内有利于地区间经济活动总量意义上的平衡和均匀分布,但是单纯依赖区位导向性的空间干预政策无法兼顾总量平衡与人均GDP的均衡发展。异质性分析表明,距离城市群较近的城市,开发区对地方经济的提升作用比在其他地区更强,但存在一定的边界,即开发区对城市GDP的正向作用效果随着城市到城市群的距离的增加而减弱。另外,开发区对GDP的拉动过度集中于投资,区域经济增长已经形成对政府投资的依赖,制约了开发区政策较长时期内对基础设施、教育等经济发展的长期驱动因素的作用发挥。

五、标尺竞争与开发区的建立

尽管有许多文章研究了开发区带来的社会和经济影响，但关于开发区形成的研究较少。接下来本节假设开发区热的形成是由于地方政府间的标尺竞争，使用空间计量经济模型对此假设进行检验。

（一）研究设计

使用 2006 年中国 219 个城市的横截面数据，开发区的空间滞后（自回归）模型（SAR）被设定为：

$$zone_i = \beta_0 + \rho Wzone_i + \beta_1 landprice_i + \beta_2 landprice_i^2 + \beta_3 central_i + \beta_4 poor_i + \beta_5 unemp_i + \gamma Z_i + \varepsilon_i \qquad i = 1,2,\cdots,N \tag{3}$$

其中，$zone_i$是因变量，表示城市 i 中的开发区的数量。W 是前定的 $N\times N$ 空间权重矩阵，其中元素通常被解释为两个单位（本文中的城市）之间的空间相互作用强度。它被假定为两个城市 i 和 $j(i\neq j)$ 之间的距离的反函数。按照惯例，权重矩阵的对角元素被设置为零，因为每个省不是它自身的“邻居”。在敏感性分析中，我们还将指定两种替代的空间加权方案，其中权重矩阵基于所谓的“经济距离”。具体来说，第一个设定为 $W2_{ij} = 1/[\mathrm{distance}_{ij}\times|GDP_i - GDP_j|]$，第二个为 $W3_{ij} = 1/|GDP_i - GDP_j|$，$i\neq j$，否则为 0。

关于解释变量，*landprice* 被定义为城市的平均土地转让费除以城市的土地面积，$landprice^2$ 是地价的平方项，用于确定土地价格和开发区之间的可能的非线性关系，*central* 代表财政分权指数，其定义为地级市市区收入与地级市总收入的比率(市区收入和辖区内的县区收入之和),*poor* 是地级市内贫困县的数量,*unemp* 是失业人口的百分比。控制变量是 *revenue*、*third*、*road* 和 *college*,其中 *revenue* 被定义为地级市政府的自有来源收入除以该市的永久居民人口,*third* 是服务业产值占 GDP 的比重,*road* 测量道路密度,*college* 是城市永久常住人口中本科学位持有人所占的百分比。为了减少潜在的内生性问题,所有的解释变量使用了 2000 个值。扰动项(ε)独立同正态分布,均值为零,方差为 σ^2。如果空间自回归参数 p 为零,则将 SAR 模型简化为经典的 OLS 回归模型。

相比之下,还有另一种类型的空间模型,即空间误差模型(SEM),它包含了干扰项中的空间相关性。SEM 模型设定为:

$$zone_i = \beta_0 + \beta_1 landprice_i + \beta_2 landprice_i^2 + \beta_3 central_i + \beta_4 poor_i + \beta_5 unemp_i + \gamma Z_i + \varepsilon_i, \varepsilon_i = \lambda\varepsilon_i + v_i \quad i = 1,2,\cdots,N \tag{4}$$

在实证中,拉格朗日乘子(LM)检验以及基于 OLS 模型的预测误差项的稳健性检验,这两个空间模型均可选择。在存在空间滞后相关性的情况下,传统的 OLS 方法不会产生无偏和一致估计,因为模型的自回归项与残差项相关,然而在存在空间误差相关性时,即使 OLS 系数估计量是无偏的,标准误差的估计也是不一致的。因此,这些空间模型通常使用最大似然估计方法来进行参数估计。表 7-13 列出了实证模型中使用的变量和这些变量的数据来源。

表 7-13 描述性统计

	均值	标准差	最小值	最大值	数据来源
因变量					
城市中开发区数量	4. 64	3. 57	1. 00	15. 00	2007 年全国地市县财政统计资料

续表

	均值	标准差	最小值	最大值	数据来源
自变量					
收入	0.40	0.35	0.08	2.61	2001 年全国地市县财政统计资料
财政分权指数	35.20	18.70	0.29	100.00	2001 年全国地市县财政统计资料
地级市内贫困县的数量	1.24	1.99	0.00	10.00	国务院扶贫开发领导小组办公室
失业人口百分比	4.41	2.31	1.27	15.23	中国城市统计年鉴 2001
服务业产值占 GDP 的比重	35.26	6.67	8.50	53.20	中国城市统计年鉴 2001
道路密度	25.91	42.68	0.11	369.76	中国城市统计年鉴 2001
城市永久常住人口中本科学位持有人所占的百分比	3.65	2.41	1.08	12.92	中国城市统计年鉴 2001
地价（万元/千米^2）	2.59	6.34	0.02	5223.02	中国国土资源统计年鉴 2001

注：2007 年之后几年的公共财政数据集中没有与开发区相关的部分。所有解释变量使用 2000 年的值以减少潜在的内生性问题。

（二）经验研究结果

该部分报告空间模型的实证结果，以及用于作为对照的非空间模型（OLS）。所有回归在 STATA 13 中完成。我们还使用两个不同的空间加权矩阵来复制基线回归模型，以研究空间相关性估计的稳健性。

如上所述，LM 滞后检验被应用于测试空间滞后相关性，而 LM 误差检验被应用于测试空间误差相关性。这两个 LM 检验揭示了在 1%的显著性水平上的空间相关性证据。然而，如果只存在一种或两种类型的相关性，则这两个检验不能将一种形式的空间相关性与另一种空间相关性区别开。因此，这两个 LM 检验的稳健性检验都将被使用。结果表明，LM 滞后检验统计量的稳健性大于其相应的临界值（$p<0.01$）。该结果表明应当使用空间自回归（滞后）模型，即 SAR 模型。

SAR 模型中，在 1%的统计显著性水平上，空间滞后因变量的系数为 0.491。结果表明，省级政府将增加自己的开发区面积，以应对其邻省开发区数量的增加。具体来说，如果邻近城市平均建设 10 个新的开发区，所涉及的邻近城市往往会建立 5 个开发区。这一结果表明，中国省级政府在建立开发区上面倾向于进行战略互动的竞争。

接下来分析解释变量的系数，可以看到，在 1%的统计显著性水平上，城市的土地价格和其平方项符号分别为正和负。这些结果表明，土地价格和开发区之间呈现倒"U"形关系。这个结果意味着，在土地转让费达到一个定点之前，随着土地转让费增加，市级政府似乎倾向于通过利用销售土地获得的收入来建立一个新的开发区。自 20 世纪 90 年代财政分权改革以来，地方政府得到了中央政府的授权，地方政府拥有完全留存销售原有耕地所产生的收入（土地出让收入或土地出让金）。这些收入不受中央政府管制，地方政府能够按照自己的意愿分配使用。直到 21 世纪初，土地出让产生的收入才成为政府重要的收入来源。在较发达的沿海地区，从 2000 年开始，地方财政收入的 60%—80%主要来源于土地转让收入①，部分原因是由于中国在过去 10 年中土地价值飞涨。预期这些收入将被地方政府用于各方面的支出，例如投资公共基础设施，为公共教育或医疗保健提供资金，或建立开发区，以促进地方经济发展。

失业率和贫困的系数具有统计学意义。令人惊讶的是，这个结果与普遍的观点并不一致。人们普遍认为，失业率较高或贫困县较多的贫困地区

① 周飞舟：《生财有道：土地开发和转让中的政府和农民》，《社会学研究》2007 年第 1 期。

更倾向于建立开发区，以促进其经济发展（如创造就业机会，创造收入）。这一发现意味着开发区的建立似乎与当地的经济活动，如创造就业机会或减少贫困等并没有什么关系，这一发现与一些学者的观点不一致；尽管Boarnet和Bogart认为开发区作为经济发展工具的广泛普及并不是支持他们结果的强有力的证据。相反，新的开发区是地方政府之间的标尺竞争的结果，正如我们之前所说的。

接下来为了研究基于距离权重矩阵的SAR模型的基准回归的稳健性，我们还同时采用了两个另外的空间加权矩阵，进行了两个额外的回归。如果存在标尺竞争，我们预计一个城市是否建立开发区受相似城市（GDP水平相似）的影响最大。因此，我们可以期望具有“基于经济距离”权重矩阵的SAR模型比使用基于距离权重矩阵的SAR模型更好。这两个附加的回归结果在表7-14的最后两列中报告。整体来说，在这些空间加权模型中的结果是十分稳健的。关于地方政府建立开发区中的正空间相关性的结论仍然不受两种敏感性分析所表示的模型选择的影响。

表7-14　回归结果（因变量：开发区数量）

	OLS Model	SAR Model		
		W1	W2	W3
策略性互动				
ρ		0.491***	0.551***	0.458***
		(0.058)	(0.050)	(0.099)
土地价格				
土地价格	0.354***	0.214***	0.189***	0.256***
	(0.089)	(0.076)	(0.070)	(0.085)
土地价格的平方	-0.007***	-0.005***	-0.004**	-0.005***
	(0.002)	(0.001)	(0.001)	(0.002)

续表

	OLS Model		SAR Model	
		W1	W2	W3
财政分权指数				
财政分权指数	−0.059***	−0.049***	−0.043***	−0.056***
	(0.016)	(0.013)	(0.012)	(0.014)
脱贫				
失业人口百分比	−0.196*	−0.199**	−0.128	−0.166
	(0.117)	(0.097)	(0.090)	(0.108)
地级市贫困县数量	−0.214*	−0.085	−0.072	−0.194
	(0.121)	(0.102)	(0.0938)	(0.111)
经济社会因素				
收入	−0.103	−0.940	−1.334**	−0.370
	(0.829)	(0.698)	(0.649)	(0.767)
服务业产值占 GDP 的比重	0.002	−0.000	0.009	0.017
	(0.040)	(0.033)	(0.031)	(0.037)
道路密度	0.016**	0.014**	0.012**	0.015**
	(0.007)	(0.005)	(0.005)	(0.006)
城市永久常住人口中本科学位持有人所占的百分比	0.385**	0.530***	0.489***	0.316**
	(0.153)	(0.129)	(0.119)	(0.142)
常数项	5.415***	2.748**	2.101*	3.077**
	(1.356)	(1.174)	(1.089)	(1.350)
R^2	0.24	NA	NA	NA
观测值	219	219	219	219
Diagnostics test				
Spatial error				
Lagrange multiplier	65.76 [0.0000]			

续表

	OLS Model	SAR Model		
		W1	W2	W3
Robust Lagrange multiplier	0. 44 [0. 5066]			
Spatial lag				
Lagrange multiplier	90. 59 [0. 0000]			
Robust Lagrange multiplier	31. 17 [0. 0000]			

注:标准差在小括号中;p 值在中括号中。*** 、** 和 * 分别表示在 1%、5%和 10%的显著性水平上。NA 代表不适用。

(三)小结

本讲旨在探讨两个主要问题:(1)中国开发区在中国经济发展过程中的作用是什么;(2)建立开发区的驱动因素是什么?为了解决第一个问题,我们首先分析了不同类型的开发区的功能和管理层面的一些基本特征,探索了它们的空间分布,并将开发区分为四个发展阶段,然后我们主要关注在发展过程中开发区面临的一些挑战,以及了解开发区对中国经济增长做出的重大贡献。

为了解决第二个问题,我们认识到,尽管有许多研究探讨了开发区的社会和经济影响,但关于设立开发区的研究却很少。因此,我们旨在通过审查在财政竞争框架下中国政府建立开发区的驱动因素来填补这种空白。通过使用 2006 年中国城市层面的数据和空间计量经济学,我们发现中国地方政府在考虑建立自己的开发区时倾向于采取战略性行动。一个城市开发区的形成似乎不是当地经济状况如高失业或贫困县较多的结果,而是中国地方政府标尺竞争的结果。在两个可选的空间加权矩阵上的结果是相当稳健的。

需要值得注意的是，任何一项研究都不可能是完美的，坚持一分为二的全面的观点去看待每一项研究，本讲的实证部分就有两个可能的缺点。第一，开发区的数量及其决定因素可能是内生决定的。如果是这种情况的话，我们的研究将受到内生性偏差问题的影响。这需要使用工具变量。第二，考虑到开发区的形成本质上是动态的，最好有纵向数据来研究随着时间的推移地方政府的动态交互效应。因此，为了形成更好的政策建议，可以进一步研究通过减少可能的内生性偏差问题，或者通过使用空间面板数据方法将当前的横截面研究扩展到面板数据研究或动态空间面板数据方法，来检验开发区建立的本质原因。

因此，上述分析的政策含义是显而易见的。鉴于使用开发区促进经济活动的证据是混杂的，以及鉴于我们在过去 10 年中观察到的负面现象，比如在中国设立新开发区是高成本的，开发区的使用率极低以及对地方经济增长的贡献很少，因此，地方政府在实施新的开发区计划之前应该谨慎，否则将给政府带来财政负担，以及由于破坏性的“力争上游”竞争（标尺竞争）而导致的社会效率损失。因此，强烈建议不要盲目地建立开发区。为了整个城市的福利，该市市长应该停止在增加该市开发区数量方面进行标尺竞争，通过相互模仿来增加自己在处理大多数开发区已经存在的问题方面的努力，如严重的同质化和低技术含量。

六、总　结

本讲第一部分对我国开发区的情况进行了描述性分析，介绍了不同时期全国开发区建设的背景和特点，梳理了现阶段不同开发区的类型和建设目标，对开发区在全国的分布和主要的优惠政策进行了简要介绍。紧接着本讲主要介绍了支持开发区建设的西方经济学中的理论依据和其在中国的适用性问题，认为中国开发区往往是在政府主导规划下建设的，企业的集聚行为和规模不同于理论论述。随后本讲介绍了国外和中国评估开发区政策效果的文章，可以看到已有研究对开发区的效果评价不一，但要注意不同研究的研究时期、主要样本（区域）和使用的数据方面有很大的不同。本讲第四部分从空间角度丰富了开发区政策效果的研究，从地区偏向维度评估“基于地方”的空间干预政策的有效性，发现开发区在总量上缩小了地区间 GDP 的差异，但在人均意义上并不显著。本讲进一步探索了空间异质性的成因，发现开发区的 GDP 增长过度依赖政府投资，而经济发展的长期驱动因素如基础设施、教育等没有显著的变化。本讲第五部分从地方政府的标尺竞争分析开发区的建立，发现地方政府间的标尺竞争从一定程度上导致了开发区的盲目建立，造成了开发区严重的同质化和低效率。

本讲的研究增加了政策效果评估的空间角度，并从地方政府的标尺竞争分析了开发区的建立，为在新的发展格局下解决开发区发展问题，更好地发挥开发区在稳增长、调结构、促发展中的带动作用提供了启发。未来还可以从以下几个角度对已有的研究进行细化：从纵向上看，需要关注开发区带来的长期影响，其是否优化了开发区的经济结构，为地区经济的长期高质量发展打好了基础，发挥好了示范引领和辐射带动作用。从横向上看，要关注开发区效果的异质性，开发区本身的市场条件、地理位置等因素等是否会影响政策效果，为未来开发区的选址做好铺垫。如开发区的建立效果与其自身的市场条件，是否靠近港口等要素相关。除了开发区的自然禀赋和经济条件之外，地方政府的行为如何影响开发区的实践效果也是一个值得关注的话题，如本讲研究发现，地方政府的盲目竞争是开发区大量建立的重要驱动因素，给地方财政带来了负担，也造成了社会效率的损失。从空间的维度看，开发区给周边地区带来了正向还是负向的溢出也是一个重要问题，如果开发区吸引了周边地区企业向开发区迁移，且在开发区内企业生产效率并没有提高，仅仅是经济活动区位的变化，开发区并没有给周边地区带来辐射效应，那么从整体来看，开发区的建立就是无益的。最后，需要关注开发区带来的福利影响，更细分地，可以关注开发区的建立对不同人群的影响，如 Busso 等发现美国的联邦振兴计划主要给园区居民带来了积极影响，对非园区居民的影响有限。

同时计量经济学的发展也为开发区政策效果评估带来了有力工具。如可以采用空间计量经济学分析开发区建立时地方政府的互动，开发区建立对周边地区的空间溢出。随着大数据和机器学习的发展，未来研究可以利用的数据和方法将会更加多样，对开发区政策效果的研究可以更加具体细致。

附录：本讲英文参考文献目录

[1] Alder, S., Lin S., Zilibotti, F., "Economic Reforms and Industrial Policy in A Panel of Chinese Cities", *Journal of Economic Growth*, Vol.21, No. 4(2016), pp. 305–349.

[2] Anselin, L., "Under the Hood: Issues in the Specification and Interpretation of Spatial Regression Models", *Agricultural Economics*, Vol.27, No.3 (2002), pp. 247–267.

[3] Anselin, L., *Spatial Econometrics: Methods and Models*, Norwell, MA: Kluwer Academic Publishers, 1988.

[4] Boarnet, M., Bogart, M., "Enterprise Zones and Employment: Evidence from New Jersey", *Journal of Urban Economics*, Vol.40, No.2(1996),

pp.198–215.

[5]Briant, A., Lafourcade, M., Schmutz, B., "Can Tax Breaks Beat Geography? Lessons from the French Enterprise Zone Experience", *American Economic Journal: Economic Policy*, Vol.7, No.2(2015), pp. 88–124.

[6]Busso, M., Gregory, J., Kline, P., "Assessing the Incidence and Efficiency of a Prominent Place–based Policy", *American Economic Review*, Vol. 103(2013), pp. 897–947.

[7]Chen, B., Lu, M., Timmins C., Xiang, K., "Spatial Misallocation: Evaluating Place–based Policies Using A Natural Experiment in China", 2019, NBER Working Paper: 26148.

[8]Criscuolo, C., Martin, R., Overman, H., Van Reenen, J., "Some Causal Effects of An Industrial Policy", *American Economic Review*, Vol.109, No.1(2019), pp. 48–85.

[9]Debarsy, N., Ertur, LeSage, J., "Interpreting Dynamic Space–time Panel Data Models", *Statistical Methodology*, Vol.9, No.1–2(2012), pp. 158–171.

[10] Duranton, G., Puga, D., "Micro – foundations of Urban Agglomeration Economies", in *Handbook of Regional and Urban Economics*, Henderson, J. & Thisse, J. (eds.), Elsevier, Amsterdam, 2004, Vol. 4.

[11]Elhorst, J., Fréret, S., "Evidence of Political Yardstick Competition in France using A Two–regime Spatial Durbin Model with Fixed Effects", *Journal of Regional Science*, Vol.49, No.5(2009), pp. 931–951.

[12]Elhorst, J., "Dynamic Spatial Panels: Models, Methods and Inferences", *Journal of Geographical Systems*, Vol.14, No.1(2012), pp. 5–28.

[13]Elvery, J., "The Impact of Enterprise Zones on Residential Employ-

ment: An Evaluation of the Enterprise Zone Programs of California and Florida", *Economic Development Quarterly*, Vol.23(2009), pp. 44-59.

[14]Freedman, M., "Targeted Business Incentives and Local Labor Markets", *Journal of Human Resources*, Vol. 48, No.2(2013), pp. 311-344.

[15] Givord, P., Rathelot, R., Sillard, P., "Place - based Tax Exemptions and Displacement Effects: An Evaluation of the Zones Franches Urbaines Program", *Regional Science and Urban Economics*, Vol.43(2013), pp. 151-163.

[16]Glaeser, E. L., Gottlieb, J. D., "The Economics of Place-making Policies", *Brookings Papers on Economic Activity*, 2008, pp.155-239.

[17]Howell, A., "Heterogeneous Impacts of China's Economic and Development Zone Program", *Journal of Regional Science*, Vol.59, No.5(2019), pp.797-818.

[18]Jin Wang, "The Economic Impact of Special Economic Zones: Evidence from Chinese Municipalities", *Journal of Development Economics*, Vol. 101(2013), pp. 133-147.

[19]Kahn, M. E., Sun, W., Wu, J., Zheng, S., "Do Political Connections Help or Hinder Urban Economic Growth? Evidence from 1,400 Industrial Parks in China", *Journal of Urban Economics*, Vol.121(2021): 103289.

[20] Kolko, J., Neumark, D., "Do Some Enterprise Zones Create Jobs?", *Journal of Policy Analysis & Management*, Vol.29, No.1(2010), pp. 5-38.

[21]Koster, H., Cheng, F., Gerritse, M., Van Oort, F., "Place-based Policies, Firm Productivity, and Displacement Effects: Evidence from Shenzhen, China", *Journal of Regional Science*, Vol.59, No.2(2019), pp.

187–213.

[22]Lee, L., Yu, J., "A Spatial Dynamic Panel Data Model with Both Time and Individual Fixed Effects", *Econometric Theory*, Vol. 26, No. 2 (2010), pp. 564–597.

[23]LeSage, J., Pace, K., *Introduction to Spatial Econometrics*, London, United Kingdom: CRC Press/Taylor & Francis Group, 2009.

[24]Lu, Y., Wang, J., Zhu, L., "Place-based Policies, Creation, and Agglomeration Economies: Evidence from China's Economic Zone Program", *American Economic Journal: Economic Policy*, Vol. 11, No. 3 (2019), pp. 325–360.

[25]Moretti, E., "Local Labor Markets", in *Handbook of Labor Economics*, Card, D., Ashenfelter, O. (eds.), Elsevier, Amsterdam, 2010, Vol. 4B.

[26]Neumark D., Simpson H., "Place-Based Policies", 2014, NBER Working Papers.

[27]Neumark, D., Kolko, J., "Do Enterprise Zones Create Jobs? Evidence from California's Enterprise Zone Program", *Journal of Urban Economics*, Vol.68, No. 1(2010), pp. 1–19.

[28]O'Keefe, S., "Job Creation in California's Enterprise Zones: A Comparison using A Propensity Score Matching Model", *Journal of Urban Economics*, Vol.55, No.1(2004), pp. 131–150.

[29]Reynolds, C., Rohlin, S., "Do Location-based Tax Incentives Improve Quality of Life and Quality of Business Environment?", *Journal of Regional Science*, Vol.54(2014), pp. 1–32.

[30]Wei Y., Zhao M., "Urban Spill Over vs. Local Urban Sprawl: Entangling Land-Use Regulations in the Urban Growth of China's Megacities",

Land Use Policy, Vol. 26, No. 4(2009), pp.1031–1045.

[31]Zeng, D. Z., "How Do Special Economic Zones and Industrial Clusters Drive China's Rapid Development?", *World Bank Publications*, 2011.

[32]Zheng, S., Sun, W., Wu, J., Kahn, M. E., "The Birth of Edge Cities in China: Measuring the Effects of Industrial Parks Policy", *Journal of Urban Economics*, No.100(2017), pp. 80–103.

（中国人民大学应用经济学院博士研究生李慧榕、杨彩丽参与了本文的撰写工作）

责任编辑:侯俊智
助理编辑:程　露　赵　越　潘　萍
封面设计:王春峥
责任校对:秦　婵

图书在版编目(CIP)数据

经济名家课程思政七讲/中国人民大学应用经济学院党委 编;黄隽
　主编. —北京:人民出版社,2023.7
ISBN 978 - 7 - 01 - 024733 - 5

Ⅰ.①经…　Ⅱ.①中…②黄…　Ⅲ.①思想政治教育-教学研究-高等学校
　Ⅳ.①G641

中国版本图书馆 CIP 数据核字(2022)第 068436 号

经济名家课程思政七讲

JINGJI MINGJIA KECHENG SIZHENG QIJIANG

中国人民大学应用经济学院党委　编　黄　隽　主编

人民出版社 出版发行
(100706　北京市东城区隆福寺街 99 号)

涿州旭峰德源印刷有限公司印刷　新华书店经销

2023 年 7 月第 1 版　2023 年 7 月北京第 1 次印刷
开本:710 毫米×1000 毫米 1/16　印张:13
字数:165 千字

ISBN 978 - 7 - 01 - 024733 - 5　定价:50.00 元

邮购地址 100706　北京市东城区隆福寺街 99 号
人民东方图书销售中心　电话 (010)65250042　65289539